普通高等教育新文科建设·新闻传播类专业系列教材

全媒体营销

叶晶晶◎主　编
覃卫萍　杨晓丽　夏　天◎副主编

同济大学 出版社
TONGJI UNIVERSITY PRESS
·上海·

内 容 简 介

本书以数字化时代为背景，秉承"重实践、强应用、高素质"的原则，从全媒体和营销两个角度，诠释数字化时代的媒体变迁和营销变革。本书共八章，分别是全媒体发展历程、全媒体营销理论的历史溯源、全媒体营销的特色阐释、全媒体营销的媒体工具、全媒体营销策略、全媒体营销生态链、全媒体营销主流趋势和媒体素养及营销热点。

本书既可作为新闻传播类、市场营销类、企业管理类专业在校本科生、研究生的课程教材，也可作为媒体营销相关行业工作者的参考用书。

图书在版编目（CIP）数据

全媒体营销 / 叶晶晶主编. -- 上海：同济大学出版社，2023.8
ISBN 978-7-5765-0847-5

Ⅰ.①全… Ⅱ.①叶… Ⅲ.①网络营销 Ⅳ. ①F713.365.2

中国国家版本馆 CIP 数据核字（2023）第 091395 号

全媒体营销
Quan Meiti Yingxiao

叶晶晶　主编　　　覃卫萍　杨晓丽　夏　天　副主编

责任编辑：杨　艳　白　雲　｜　责任校对：徐逢乔　｜　封面设计：渲彩轩

出版发行：同济大学出版社 www.tongjipress.com.cn
　　　　　（地址：上海市四平路1239号　邮编：200092　电话：021-65985622）
经　　销：全国各地新华书店、网络书店
排　　版：南京文脉图文设计制作有限公司
印　　刷：常熟市华顺印刷有限公司
开　　本：787mm×1092mm　　1/16
印　　张：9.5
字　　数：237 000
版　　次：2023年8月第1版
印　　次：2023年8月第1次印刷
书　　号：ISBN 978-7-5765-0847-5
定　　价：36.80元

本品若有印装质量问题，请向本社发行部调换　　　版权所有　侵权必究

前言 Foreword

随着计算机的普及以及区块链、5G 等新一代信息技术的兴起和发展，人类社会已经步入数字化时代。作为新一轮技术革命和产业变革的重要推动力，数字化不仅能促进技术推陈出新，为人类带来种种新的媒介，更将颠覆受众认知，从而改变消费者的消费行为。数字化不仅带来了数字货币、数字供应链、数字服务、数字购物等多种数字应用，更打造和重塑了各行各业新的产业链和生态圈。

大数据、人工智能、虚拟现实等新兴数字技术的快速发展和全面应用已成为时下媒体发展的核心驱动力。基于移动互联网技术而迅速普及的笔记本电脑、平板电脑以及智能手机快速发展，数字化变革使社会信息变得无处不在、无所不及、无人不用。媒体的数字化浪潮，不仅加速了媒体行业格局的深刻变革和传播方式、营销策略的更新迭代，更以其强渗透率和高时效性对社会生活的方方面面产生了巨大的影响。

本书以数字化时代为背景，秉承"重实践、强应用、高素质"的原则，从全媒体和营销两个角度，诠释数字化时代的媒体变迁和营销变革。本书不仅回顾全媒体的发展历程，溯源营销理论的历史，梳理诠释数字化时代全媒体营销的特色、媒体工具、营销策略以及生态产业链，而且归纳总结了全媒体营销的主流趋势以及媒体营销的研究热点。

本书共八章，分别是全媒体发展历程、全媒体营销理论的历史溯源、全媒体营销的特色阐释、全媒体营销的媒体工具、全媒体营销策略、全媒体营销生态链、全媒体营销主流趋势和媒体素养及营销热点。

第一章梳理了全媒体在我国的行业进程和发展演变。第二、第三章是营销理论的历史溯源和全媒体营销的特色诠释。从最初的 4P 理论、4C 理论、4R 理论等到整合营销传播、数字营销、移动营销、互动营销与娱乐营销，从相关概念的阐释、核心要素的解读到典型案例的应用、营销思维的创新皆有涉及。第四章从媒介载体、技术支持以及终端载体三个方面分析全媒体营销所依托的工具。第五章深度解读了七种常见的营销策略：病毒营销、粉丝营销、事件营销、借势营销、口碑营销、跨界营销和饥饿营销。第六章从品牌、媒体、用户等多元视角阐释媒体营销联盟和营销生态链。第七章从社会营销的角度，以公共关系和新闻在全媒体营销中的创变，展示全媒体营销的主流趋势。第八章分析梳理了数字时代需要具备的媒体知识、媒体技能和媒体态度，并介绍了全媒体营销领域的新热点和新趋势。

"学习目标""关键术语""典型案例""中国视野"和"延伸阅读"等版块内容的设计是本书的特色之一。"学习目标"和"关键术语"让读者提纲挈领，把握重点。"典型案例"和"延伸阅读"让读者通过对典型案例的深度理解和关键文本的关联阅读，了解全媒体营销的现状，把握全媒体营销未来的主流发展趋势。除此之外，本书还配套了部分知识要点的视频资源，供读者学习使用。

本书的总体框架及编写提纲由叶晶晶负责，各章节编写分工具体如下：第一、第八章由叶晶晶编写，第二、第三章由杨晓丽编写，第四、第五章由夏天编写，第六、第七章由覃卫萍编写。

本书既可作为新闻传播类、市场营销类、企业管理类专业在校本科生、研究生的课程教材，也可作为媒体营销相关行业工作者的参考用书。

"风劲好扬帆，奋进正当时。"全媒体营销作为一个具有中国特色话语体系和新时代中国特色社会主义实践特色的研究领域，正处于蓬勃发展的阶段。技术的变革、媒体传播形态的变化、大众生活方式的改变等，都使全媒体营销的内涵更加丰富生动，全媒体营销将为当下新文科的创新建设提供更多的理论支撑和实践经验。

由于新技术正以令人惊叹的速度更新迭代，加之编者水平有限，书中难免存在疏漏与不妥之处，敬请广大读者批评指正。

叶晶晶

2022 年 11 月 28 日于上海

目录 Contents

前言

第一章 全媒体发展历程 001

第一节 国内业界的全媒体实践之路 001
第二节 国内学界的全媒体研究之路 011
第三节 国内全媒体相关政策的发展历程 016
第四节 国外全媒体实践与研究概况 021
本章小结 024

第二章 全媒体营销理论的历史溯源 027

第一节 从 4P 到 4V——经典营销理论的演进 027
第二节 新媒体时代的整合营销理论 042
本章小结 046

第三章 全媒体营销的特色阐释 049

第一节 数字化与全媒体营销 049
第二节 移动化与全媒体营销 052
第三节 互动化与全媒体营销 054
第四节 娱乐化与全媒体营销 060
本章小结 064

第四章 全媒体营销的媒体工具 065

第一节 媒介载体 065
第二节 技术支持 071

第三节　终端载体　075
本章小结　081

第五章　全媒体营销策略　083

第一节　病毒营销　083
第二节　粉丝营销　087
第三节　事件营销　089
第四节　借势营销　090
第五节　口碑营销　092
第六节　跨界营销　096
第七节　饥饿营销　097
本章小结　099

第六章　全媒体营销生态链　101

第一节　数字化营销 3.0 时代的闭环营销生态链　101
第二节　媒体营销联盟　108
第三节　物联时代创新思维　110
本章小结　116

第七章　全媒体营销主流趋势　117

第一节　公共关系在全媒体营销中的创变与分化　117
第二节　新闻智能融合传播　122
本章小结　126

第八章　媒体素养及营销热点　127

第一节　媒体素养　127
第二节　全媒体营销热点　129
本章小结　134

关键术语汇总　135

参考文献　139

第一章

全媒体发展历程

学习目标

理解什么是全媒体，深度掌握何为全媒体营销。了解全媒体在我国传媒行业的历史进程和发展演变。准确把握全媒体概念在不同历史阶段的内涵和外延。了解哪些政策性文件为全媒体在我国的发展提供了理论方向和现实指导。掌握数字人文和媒介融合为全媒体营销带来的新变化。

关键术语

全媒体；全媒体营销；全媒体"三学说"；数字人文；媒介融合

在我国，"全媒体"一词首先出现在家电行业。中国知网数据显示，1998年杨红心发表在《广播与电视技术》上的文章《彩电科技新趋势——从多媒体到全媒体，从模拟数字到全数字》是国内最早涉及全媒体的文献。随着时代的发展，"全媒体"一词相继出现在房地产行业、广告行业、报刊传媒行业、互联网行业等。

伴随数字技术的日新月异，基于行业的大势所趋，"全媒体"从一个家电行业的"小众词汇"逐渐发展为新闻与传播学界的"热门关键词"，其内涵和外延也发生了翻天覆地的变化。本章将重点整理并阐述业界和学界对全媒体概念的实践发展与研究现状，对全媒体的"前世今生"进行溯源和梳理。

第一节 国内业界的全媒体实践之路

2019年1月25日，习近平总书记在中共中央政治局第十二次集体学习时就"全媒体时代"发表重要讲话，他强调，全媒体不断发展，出现了全程媒体、全息媒体、全员媒体、全效媒体，信息无处不在、无所不及、无人不用，导致舆论生态、媒体格局、传播方式发生深刻变化。推动媒体融合发展，建设全媒体成为传媒业界和学界面临的一项紧迫课题。

"全媒体时代"，这是继中央全面深化改革领导小组第四次会议（2014年8月18日）审议通过《关于推动传统媒体和新兴媒体融合发展的指导意见》后，国家层面上又一次对我国未来媒体融合的战略发展蓝图进行论述。

在我国业界和学界，无论是实践层面还是学术层面，全媒体这一概念都被广泛接受、应用和阐释，成为推动国内媒体融合发展的重要理念。

一、从注重声图效果到初级媒体联盟

（一）最早涉足全媒体应用的行业

家电行业是国内最早涉足全媒体应用的行业之一。全媒体最初使用的内涵特指家电行业的彩色电视机接收终端媒体形式的多样化，而非当前移动互联网时代背景下媒体全面深度融合发展的概念。1998年8月，杨红心的《彩电科技新趋势——从多媒体到全媒体，从模拟数字到全数字》一文指出："全媒体彩电指的是这样一种做图像显示用的终端，通过这种终端人们可以把各种与图像有关的媒体信息表现出来，这些媒体包括：TV、CATV、PC（VGA）、可视电话、DVD、杜比功效系统、DVBS、BVBC、DVBT、NICAM（数字丽音广播）、Teletext（数字图文广播）、Internet（互联网）、STB（set top box，机顶盒）等。"

1999年6月，《中国经济时报》中的一篇文章《消费真无热点？》写道："个性化的市场需求即将成为家用电器行业的新潮流，也将是消费者新的消费追求热点，多元化、个性化的需求，必将造就一片新的市场空间。重享受的发烧友追求全媒体、全数字的声音和图像效果。"

虽然家电市场是国内最早涉足全媒体应用的行业之一，但当时涉及全媒体的概念认知更多的是市场发展趋势以及概念营销的需要，这与当前全媒体的媒体融合发展概念相去甚远。1998年之前，我国的彩电市场基本上是模拟电视的天下；1997年下半年，国内的电视机生产商才开始生产并销售数字电视。1998年，国内家电行业处于模拟彩电到数字彩电的过渡阶段，这一时期的全媒体概念是基于彩电的发展趋势诞生的，从用户需求和消费体验的角度出发，着力考虑彩色电视机在传播形式中声音和图像的整体传播效果。

（二）最早打造全媒体应用雏形的行业

房地产行业和广告行业最早打造了全媒体应用的雏形。2004年10月，郭晓雯在《楼市》上发表文章《房产全媒体：老百姓的咨讯互动平台》，展示了一个全新的房地产宣传与媒介互动平台（房产全媒体）的诞生。"房产全媒体，系《楼市》杂志、房易网、浙江电台新闻综合频道《房产咨询网》节目、浙江电视台经济生活频道电视杂志《楼市》节目联合组成的房地产媒介联盟，利用各自的宣传平台进行优势互补，共同打造房地产市场宣传与媒介互动平台。"

这种专注于房地产行业的新锐媒体联盟，不仅可以充分运用媒体平台（传统媒体与网络媒体）的内容信息和渠道资源进行全方位的立体传播，更能深耕于当时蓬勃发展的浙江房地产市场，服务各个媒体层面的受众，促进当地房地产行业的快速发展。

央视市场研究（CTR Market Research）媒介智讯的赵梅、菊进红撰写的《2006年上半年中国广告市场综述》（2006年8月）和央视市场研究发表的《中国市场广告投放月报》（2006年12月）均涉及全媒体一词。有趣的是，二者同属一家公司，但二者在对于全媒体的表述上却有略微的差异：前者认为的全媒体指的是电视、报纸、杂志、电台和户外媒体；而后者认为的全媒体则是电视、平面、广播和户外媒体。虽然二者所指是一样的媒体，但是从中不难发现，2006年广告行业的全媒体一词尚未形成行业的共识或统一的认定，仅仅是个别使用而已。

2004年房地产行业的全媒体应用和2006年广告行业的全媒体使用，虽已经具有媒体整合的雏形，但由于受限于当时技术的发展以及数字化的水平，所以媒体整合的程度还相对比较低，仅仅是相同内容的宣传稿在不同媒体渠道投放而已。当时全媒体的内涵更多地指向词汇的表面意义——全部媒体或所有媒体形式。

二、从"报网融合"到"三网融合"

（一）报纸媒体"报网融合"之路

2007年，报纸媒体开启"报网融合"之路。2002年3月，国务院政府工作报告明确提出"加大新闻出版、广播影视业改革的力度""大力发展文化产业""完善文化产业政策，鼓励社会力量参与文化事业建设"。2003年7月，中共中央办公厅、国务院办公厅转发了《中共中央宣传部、文化部、国家广电总局、新闻出版总署关于文化体制改革试点工作的意见》，确定在北京等9个地区和35个宣传文化单位进行试点，明确新闻媒体的经营部分需要剥离，转制为企业，推向市场。2003年12月，国务院办公厅印发《文化体制改革试点中支持文化产业发展的规定（试行）》和《文化体制改革试点中经营性文化事业单位转制为企业的规定（试行）》。2005年12月，中共中央、国务院下发《关于深化文化体制改革的若干意见》，明确提出"重点培育发展一批实力雄厚、具有较强竞争力和影响力的大型文化企业和企业集团，支持和鼓励大型国有文化企业和企业集团实行跨地区、跨行业兼并重组，鼓励同一地区的媒体下属经营性公司之间互相参股"。这是国家层面关于媒体文化领域改革的指导性文件。2014 年 4 月，国务院办公厅印发《文化体制改革中经营性文化事业单位转制为企业的规定》和《进一步支持文化企业发展的规定》，这是 2003 年两个试行规定的延续版和升级版。

一方面，国家政策不断细化升级，相关文件规定相继加码出台；另一方面，传媒市场的快速转型和巨大变化迫使报刊传媒行业不得不开启全媒体的实践探索。"压死骆驼的最后一根稻草"实则是报业营业收入的"断崖式下跌"。中国社会科学院和清华大学联合推出的中国传媒业年度蓝皮书《2006 年：中国传媒产业发展报告》显示，2005 年，中国传媒产业总产值虽达到了 3 205 亿元，比 2004 年上升了 11.9%，但 2005 年却是中国报业的"拐点"，相关报纸、期刊的媒体收入在 2005 年出现惊人的下滑，平均跌幅高达 15%。报业收入在整个传媒业所占的市场份额也从之前的位居前列下降到第六位。

2005 年，国内报业迅速进入微利乃至负利时代，无论是报业内部还是整个媒体行业的竞争都日趋激烈，报业被迫进入转型整合时代。

正所谓"兵马未动，粮草先行"，报业的全媒体之路亦是如此。相关技术平台的支持和发展决定了其全媒体的发展之路。

每年 4 月（从 1998 年起），全球电子通信传播媒体界最负盛名的展览会——美国广播电视展（NAB Show）都会在美国拉斯维加斯举办。该展会吸引了电子媒体业各领域的参展商，诸多国际知名大公司悉数到场，来自世界 140 多个国家和地区广电行业的 10 万多位专业人士云集于此。作为全世界最全面、最有影响力的电子媒体展，它涵盖了电子媒体产业的所有领域，主要展示与传播媒体相关的通信产品、技术和服务的未来趋势，促进世界广播、电视、电影等电子通信传播媒体业的发展。参展内容一般包括广播与电视自动化、数字音频广播、音频制作、天线与塔、传输设备与 RF 配件、摄像机、视频编辑与效果、视频制作、计算机制图与动画、网络硬件及软件、数字电视和高清晰度电视、互动电视、宽带技术、互联网、流媒体技术、网络广播技术、数据广播、系统集成、数据存储、车载制作系统、计算机产品、无线技术、微波技术和卫星等。

2005 年 4 月，北京中科大洋科技发展股份有限公司在美国广播电视展上展示了全新体系结构的高清产品、低成本无卡编辑系统及网络应用解决方案，以及 D3-Edit 系列非线性编辑系统、D3-CGHD 高清图文动画播出系统、大洋磐石服务器系列、媒资与播出系统等产品和解决方案。同期，北京北大方正电子有限公司也开发了非线性编辑系统。随着国内非线性网络技术和媒体资产管理技术等相关技术的快速发展，视音频处理从模拟信号向数字信号、从单机个人作业到网络共享作业的转变已成必然趋势，广电行业开始向全媒体方向扩充。作为我国政府官方的国家通讯社，新华通讯社（以下简称新华社）也在积极推进战略转型。新华社发展出音像部，后成为中国最大的新闻信息采集和发布中心；并开始建构大规模"媒体资产管理平台"，涉及音视频的海量存储技术、非线性数字化网络技术、层次化分类标引技术等。

而从国家层面上看，当时的国家新闻出版总署也从2007年起启动了"全媒体数字采编发布系统工程"。作为国内传媒信息软件研发领域先行者的北大方正和清华紫光，先后设计研发出包含"编辑—排版—印刷—发布—广告—发行—其他经营"等的全方位出版流程管理系统和包含"写稿—改稿—去稿—传稿—签发—组版"等过程的新闻综合业务系统。面对严峻竞争环境的各大报业集团，纷纷联合北大方正或清华紫光，或是自行搭建相关平台，组织研发建设全媒体项目。

同一时期，2006年沈阳日报报业集团的"全媒体数字报刊平台系统"、2006年温州日报报业集团的"全集团数字化平台"、2007年北京日报报业集团的"全媒体复合出版系统"、2007年宁波日报报业集团的"全媒体与数字平台"、2007年烟台日报传媒集团的"全媒体数字采编发布系统"、2007年新民晚报的"全媒体报业解决方案"、2007年广州日报报业集团的"滚动新闻部"、2008年解放日报的"全媒体多通道数字出版系统"等项目纷纷启动，成为新时期各大报业集团面对转型挑战的积极探索。

彩信手机报就是这一时期的特殊产物，但其宛如昙花一现。2004年7月，我国第一家手机报《中国妇女报——彩信版》正式开通；2005年，我国第一家省级手机报《浙江手机报》开通。2007年1月，中国移动的手机报用户高达3 000万。曾经红极一时的彩信手机报也曾给报业和电信企业带来巨大的商业收益，2010年，手机报相关收入占手机阅读市场的88.57%。但是2012年第一季度，手机报收入不断跳水，收入占比下跌到47.72%。反倒是当时收益不佳的付费数字报，后来成为期刊行业全媒体发展的"星星之火"。

无论是全媒体软硬件的建设项目，还是彩信手机报、付费数字报等的推出，都是报业追求全媒体高度整合发展过程中的实践产物。无论是当时报业追求的"报网整合"，还是之后发展的"三网融合"，在全媒体之路上，"危机四伏"的报业勇于挑战、高度整合，为实现媒体融合的数字化转型不断探索。

（二）广电媒体"台网融合"之路

2009年，广电媒体开启"台网融合"之路。不同于报业在全媒体之路上的"大张旗鼓""大刀阔斧"，广电行业的全媒体之路"内敛缓慢"，并且在竞争激烈的媒体市场，广电行业的收入还呈现逆势上扬的态势。《2009年中国广播电影电视发展报告》的相关数据显示，2008年，广播电视产业收入为1 350.04亿元，比上一年增长19.54%。2009年，国务院出台《文化产业振兴规划》，对广电行业的改革提出明确要求："要推进有线电视网络整合，鼓励通过并购、重组等方式，进行广电网络的区域整合和跨地区经营。""要支持发展移动多媒体广播电视、网络广播影视、数字多媒体广播、手机广播电视，开发移动文化信息服务、数字娱乐产品等增值业务，为各种便携显示终端提供内容服务。"此外，2010年，国家加快推进电信网、广播电视网和互联网的"三网融合"等政策落实，促使广电行业围绕媒体的内容业务，开展涉及多种终端载体（数字电视、计算机、手机等）的全媒体实践探索，初步建立声、屏、网等各类媒体的汇总平台。其中，全力打造央视网（CCTV.com）的中央电视台和以凤凰网为基础、以凤凰宽频和手机凤凰网为主打渠道的凤凰卫视，以及全国数字电视、手机电视内容应用服务的重要平台华数集团等成为这一时期广电行业全媒体发展的"排头兵"和"佼佼者"。

在这一时期，报业和广电行业全媒体发展的节奏和步伐大相径庭，各行业都是根据本行业的需求和固有体系，进行相应的"报网整合"或"台网整合"。虽然二者对于全媒体概念的认知不尽相同，但二者在相关软硬件的技术平台建设、整合互联网资源打造各类媒体高度整合的汇总平台、重点发展以手机为代表的终端媒体业务等方面却形成了共识。

（三）"三网融合"之路

2010年被称为中国"三网融合"的启动元年。2010年1月，国务院常务会议决定加快推进电信网、广播电视网和互联网三网融合，宣告我国正式拉开了三网融合的序幕。会议明确了推进三网融合的重点工作：①按照先易后难、试点先行的原则，选择有条件的地区开展双向进入试点；②加强网络建设改造；③加快产业发展；④强化网络管理；⑤加强政策扶持。

所谓的"三网融合"，指的是电信网、广播电视网、互联网在向宽带通信网、数字电视网、下一代互联网演进过程中，三大网络通过技术改造，使其技术功能趋于一致，业务范围趋于相同，网络互联互通、资源共享，能为用户提供语音、数据和广播电视等多种服务，有利于打破市场垄断，丰富内容和降低成本。

2015年9月，国务院颁布《三网融合推广方案》，要求总结推广试点经验，将广电、电信业务双向进入扩大到全国范围并实质性开展工作。三网融合的进一步推广为互联网的全面发展带来了前所未有的机遇，互联网媒体在相关政策的支持下，开始其迅猛发展之路。

三、移动互联网开启"万物皆媒"时代

（一）互联网媒体的野蛮发展之路

正如尼古拉斯·尼葛洛庞帝（Nicholas Negroponte）在《数字化生存》（*Being Digital*）中所预言的那样，计算机和互联网将使人类进入数字化生存时代。"计算不再只和计算机相关，它将决定我们的生存。"

互联网行业掌握天时地利人和，以迅雷不及掩耳之势占据了全球媒体市场的"半壁

江山"。从 2013 年开始，世界媒体实验室和世界经理人集团以全球各大媒体公司每年的营业收入为主要评选指标，综合确定全球前 500 家媒体公司，发布《世界媒体 500 强》排行榜。2013 年的榜单中，有线通信、综合媒体和电视行业（子行业）的平均营业收入最高，分别为 47 亿美元、41 亿美元和 15 亿美元。从营业利润来看，赢利能力最强的媒体公司是二十一世纪福克斯公司（综合媒体），利润高达 71 亿美元；康卡斯特公司（有线通信）利润为 62 亿美元，排名第二；华特迪士尼公司（综合媒体）以 57 亿美元的利润，排名第三。中国大陆有 42 家媒体上榜，数量上在美国、日本、英国之后，位居第四；中国大陆上榜媒体前十名分别是 5 家图书出版机构、3 家电视台和 2 家报纸出版企业。而 2020 年的榜单中，平均营业收入排在前三的却是互联网新媒体（99.33 亿美元）、有线宽频或卫星（66.14 亿美元）和综合媒体（52.96 亿美元）。从营业利润来看，谷歌（互联网新媒体）、Facebook（互联网新媒体）、自由全球有限公司（有线卫星）分别以 359.30 亿美元、184.85 亿美元、151.03 亿美元的净利润占据前三；中国大陆的腾讯、网易则分别以 133.68 亿美元、30.45 亿美元位居利润第四和第八的位置；中国大陆共有 97 家媒体入围该排行榜，上榜媒体总数位列美国之后，排名第二。中国大陆上榜媒体前十名分别是 5 家互联网新媒体、1 家媒体公关传播公司、2 家电视或广播电台、1 家图书出版机构和 1 家影视文娱公司（表 1-1）。

表 1-1　2020 年度《世界媒体 500 强》中国大陆上榜媒体前十名

（货币单位：亿美元）

排名	子行业	公司中文名	营业收入	净利润
5	互联网新媒体	腾讯控股有限公司	540.82	133.68
15	互联网新媒体	百度在线网络技术（北京）有限公司	153.89	2.84
35	互联网新媒体	网易公司	84.92	30.45
66	互联网新媒体	北京爱奇艺科技有限公司	41.56	−14.80
69	媒体公关传播	蓝色光标传播集团	40.28	1.02
96	电视或广播电台	上海广播电视台、上海文化广播影视集团有限公司	28.84	—
101	图书	江苏凤凰出版传媒集团有限公司	26.98	5.33
116	影视文娱或节目	万达电影院线股份有限公司	22.11	−6.77
118	互联网新媒体	新浪公司	21.63	−0.71
120	电视或广播电台	江苏省广播电视总台（集团）	21.29	2.08

注：本表由世界媒体实验室（World Media Lab）编制。

国内互联网媒体整体弯道超车，占据国内整个传媒产业营业收入的绝大部分。"领头羊"腾讯无论是营业收入还是净利润，均已占据国内传媒行业绝对的优势地位。此外，腾讯不仅入股快手和喜马拉雅等互联网独角兽企业，还在"泛娱乐"基础上逐步发展打通游戏、文学、动漫、影视、戏剧等多种业务领域的互动娱乐新生态，构建了基于腾讯游戏、腾讯电竞、腾讯动漫、腾讯文学和腾讯影业的五大泛娱乐矩阵，打造"新文创"创新业态。互联网行业的全媒体之路更倾向于以"人"为本、"万物皆媒"的深度融合发展。

国内互联网媒体的全媒体之路，真可谓开天辟地。占据天时地利人和，互联网媒体通过资本运营的方式，在短短十年之内，成为国内传媒行业的翘楚。互联网媒体的全媒体之路更倾向于以流量为导向，以资本和技术为背景，通过注资、入股、收购等方式，野蛮扩展其媒体版图，提高其市场占有率。互联网媒体借助政策红利和行业优势，打破互联网与其他领域的壁垒；通过优势媒体的流量导入，将其影响力扩张到其弱势媒体领域，从而主导其在各平台和多渠道的媒体融合实践。互联网行业主导的全媒体深入融合，更多的是借助技术优势和渠道优势，打造媒体产业链，通过媒体形式或媒体技术的创新弥补其媒体内容创造的不足。

（二）主流媒体的全媒体传播实践之路

中央广播电视总台（China Media Group，CMG），是 2018 年 3 月由原中央电视台（中国国际电视台）、中央人民广播电台、中国国际广播电台合并组建的国务院直属事业单位。中央广播电视总台在"台网并重、先网后台、移动优先"发展战略的指导下，立足于"5G + 4K / 8K + AI"战略布局，以央广网（网站）和央视频（短视频）为重点建设平台，以新闻为龙头，以视频为重点，走"多屏覆盖、无处不在"的"四全媒体"实践之路。

全媒体的发展历程虽然仅有短短二十年左右，但是由于媒体技术的更新迭代，以资本为代表的新兴媒体机构和以个体为代表的自媒体迅速发展壮大，传统媒体的发展受到多重压力，媒体行业作为社会宣传的阵地，急需形成拥有传播力、引导力、影响力和公信力的相关媒体机构。总台以内容为先，全方位、多层次打造全程媒体的"台、网、端、微、屏、号"六位一体全链条传播体系；以技术为依托，无论是内容生产侧的"云视频剪辑制作岛"还是优质内容展示侧的"央视频"App，都全力建构立体化、沉浸式全息媒体的"5G + 4K / 8K + AI"三位一体场景体验；以用户为本，打造适合手机用户和网络视频用户的专业性、多样化全员媒体深层协同联动平台；以效率为重，塑造全效媒体的社会公信影响力。总台的全程媒体、全息媒体、全员媒体、全效媒体相互交织，共同构成了媒体深入融合时代主流媒体新闻实践的全媒体传播体系。

(三)"万物皆媒"时代的"万物互联"

在物联网、大数据与人工智能等新技术的推动下,以可穿戴设备为主的依附于人或植入于人的相关设备成为未来媒体发展的主要方向之一。媒体全方位的深度融合不再仅限于新旧媒体之间的高度整合,物物相连、人物共生、人机合一等深层次的媒体融合将相继展开。

传感器的更新迭代,扩大了物物相连的媒体接触点;以可穿戴式为主的传感设备增加了人物共生的可能性;云技术以及 AI 水平的提升促进了人机合一的发展,泛媒化趋势日益凸显。"万物皆媒""万物互联"必将开启媒体行业新的实践和发展,媒体的范畴和空间也会随之不断扩大和发展。

> **中国视野 1-1**
>
> #### 中央广播电视总台的"四全媒体"传播体系
>
> **一、以内容建设为根本,向深化内容生产供给侧结构性改革转变,打造全媒体内容新生态**
>
> 在构建全媒体传播体系的实践中,主流媒体需要在内容创新上不断加大力度,真正把"内容为王"的内容优势转化为传播优势。总台坚持把创新摆在突出位置,着力打破传统广播电视节目以线性播出为主的制播模式,深化内容生产供给侧结构性改革,全面启动高质量发展改版工作,200 余档创新节目和融媒体产品陆续上线,切实增强全媒体内容生产能力,不断提升总台创造、总台出品的精品节目影响力。
>
> 全媒体时代,更好吸引年轻受众、针对青年一代推出更多有吸引力的节目产品,一直是总台持续发力的重要方向,近年来,总台的探索实践取得了显著成效。创新话语表达方式,推出融媒体产品《主播说联播》,以口语化、年轻化的新语态解读时政报道和社会热点,受到广大网友特别是青年网友的喜爱,话题阅读量达 80 亿,讨论量达 180 万。创新推出"联播+""大国外交最前线"等延伸产品,取得良好传播效果,进一步扩大《新闻联播》品牌影响力。2021 年小年夜之际推出的"2021 网络春晚"是一次针对年轻群体的成功创新实践,真正让"晚会"这一传统电视节目形式焕发出强大的创意感和"网感力",获得收视和口碑的双丰收。在抖音、快手两大短视频平台深耕运作、持续发力,央视新闻账号粉丝量已突破 1 亿,打造了超过 50 个百万级以上的头部、肩部视频账号,并运用自身强大的视频资源优势和主持人影响力优势,不断创新推出交互式话题活动,有效吸引年轻受众。

二、以先进技术为支撑，向构建"5G + 4K / 8K + AI"战略格局转变，打造全媒体技术新生态

通过科研攻关和制播实践，总台5G媒体技术应用探索在国内、国际均走在了第一方阵。总台联合有关部委、科研院校、技术公司等深入开展5G技术在超高清视频领域的核心技术研究，推进5G媒体实验室、超高清制播呈现国家重点实验室、5G + 4K / 8K超高清制播示范平台、科技冬奥超高清8K数字转播技术等重大项目，成功实现我国首次8K超高清内容的5G远程传输，成功实现我国首次5G + 8K实时传输和快速编辑集成制作，首次实现全球万米深潜4K超高清信号直播传送，首次通过5G技术直播2020珠峰高程测量登山队登顶画面。系统总结总台基于5G技术的超高清、VR和移动生产的研究实践成果，发布《总台5G媒体应用白皮书（2020版）》，白皮书成为媒体行业首次对5G技术应用提出的技术规范，得到业内人士高度评价，为更好运用5G技术加快推动媒体深度融合发展提供了实践指导。

三、以创新管理为保障，向国际一流原创视音频制作发布的全媒体机构转变，打造全媒体管理新生态

构建全媒体传播体系、推动媒体深度融合，不仅是要推出更多更精彩的新媒体产品，更是要做到一手抓融合、一手抓管理，推动传统媒体和新兴媒体在内容、渠道、平台、经营、管理等方面实现深度融合，在放大一体效能方面取得实质性突破。总台持续深化"台网并重、先网后台、移动优先"战略，着力打破传统广播电视媒体的路径依赖和形态束缚，全面推进组织架构、业务流程、平台渠道和管理机制的改革创新，探索出一条推动媒体深度融合发展的有效路径。

总台在平台建设上持续发力，充分发挥平台牵引带动作用推动全媒体管理运行机制创新，强化考核激励措施，推动海量丰富的优质内容向新媒体新平台集结、生产力量向全媒体转型，形成了以央视频、央视新闻、云听等旗舰新媒体产品为核心，200个百万级以上账号共同发力的传播矩阵。央视频连续推出的"云直播""云守望""云登顶""云观景""云充电""云致敬""云端艺术季"等"云"系列产品，让千万网友足不出户实现"云端"连接，成为全网刷屏爆款产品。

（资料来源：姜希伦，《持续深化"三个转变"，着力构建全媒体传播体系——中央广播电视总台媒体深度融合发展评析》，《传媒评论》，2021年第2期）

第二节　国内学界的全媒体研究之路

不同于业界积极进行全媒体实践的探索，国内学界对于全媒体概念及内涵的研究尚处于各抒己见的状态。学界并未提出具有很强概括力和描述性的核心定义，也没有形成具有学界共识的核心概念，但这并不妨碍其在学界的发展。根据中国知网数据库的相关数据，截至 2023 年 7 月 1 日，以"全媒体"为关键词，平台共搜索到 6 793 篇学术期刊文章、503 篇学位论文、122 篇会议论文和 139 篇报纸文章，一共 7 557 篇相关文献。

一、学界相关文献的数据分析

以历年关于全媒体的学术期刊文章为分析数据，可大致了解近二十年国内学界对于全媒体的总体研究态势和相关研究热点。

从时间角度来看，2008 年以前，与全媒体相关的研究文章寥寥无几。随着全媒体相关实践在业界的相继开展，特别是 2007 年以后的"报网融合""台网融合"，相关从业人员研究全媒体的学术文章开始明显增多，如 2008 年烟台日报传媒集团的郑强《从传统报业到全媒体的探索之路》《地市报发展的"全媒体"战略与实践》，2009 年宁波日报报业集团的田勇《全媒体运营：报业转型的选择——宁波日报报业集团的全媒体实践》《全媒体新闻运行的理念与操作》，2010 年中央广播电视总台旗下的中国之声的史敏《加大合作力度　为听众呈现全媒体新闻传播》等相关研究论文都是全媒体研究中的优秀作品。

从发文数量来看，全媒体研究的论文数自 2010 年后，每年都在快速增长（2018 年除外），2019 年达到顶峰，2020 年开始略有下降（图 1-1）。从相关学科角度来看，截至 2023 年 7 月 1 日，新闻与传媒学科以 5 468 篇的发文量，占发文总量（包括期刊文章、学位论文、会议论文、报纸文章）的 72.36%，接下来依次是高等教育以 823 篇位居第二，出版以 507 篇位居第三，电信技术以 344 篇位居第四，图书情报与数字图书馆以 310 篇位居第五。全媒体相关研究主要集中在新闻传媒领域，其他领域更多的是借用新闻传播领域的相关研究成果进行跨领域的创新演绎及阐释。

全媒体的相关研究不仅有业务层面的实践经验总结，更体现相关学术研究的深度和厚度。以高校为代表的理论学术研究和以广播电视台为代表的实践研究在全媒体研究领域并驾齐驱。从发文的主题来看，全媒体的学术研究以宏观层面的背景环境研究、融合程度研究为主。

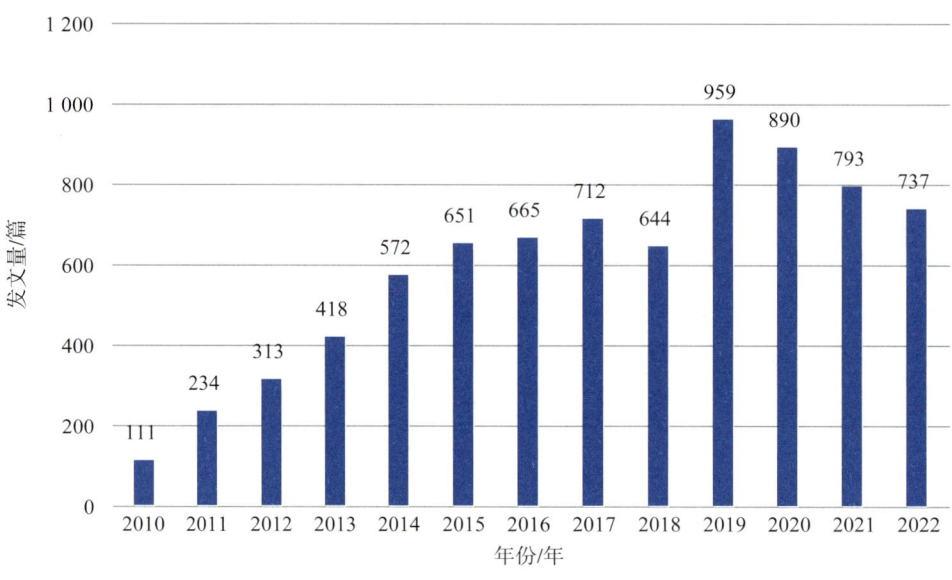

（数据来源：中国知网）

图 1-1　全媒体学术期刊发文情况数据（2010—2022 年）

二、全媒体内涵分析：三种学说

通过文献整理，学界对于全媒体概念的界定可大致分为三种学说。

（一）营运理念（模式）说

一种是"营运理念（模式）说"，其代表是中国人民大学的彭兰。2009 年 7 月，彭兰在《媒介融合方向下的四个关键变革》中明确提出全媒体的概念，她认为全媒体化的含义应该体现在四个方面：第一，在一个全媒体的市场格局中寻找自身新的定位，构建自己的产品体系；第二，在全媒体的思维下重新思考媒体的业务模式；第三，全媒体化不仅要为媒体自身的产品提供传播途径，也要为受众的参与提供空间；第四，全媒体化不仅是传媒机构内部的流程再造，也是一个重新定义自己在产业链中的位置、寻找合适的外部合作伙伴的过程。她认为，全媒体是指一种业务运作的整体模式与策略，即运用所有媒体手段和平台建构大的报道体系。

（二）传播形态说

另一种是"传播形态说"，其代表是南京政治学院的周洋。2009 年 11 月，周洋在《打造全媒体时代的核心竞争力——中央媒体新中国成立 60 周年报道思考》中，认为全媒体的概念来自于传媒界的应用层面，是媒体走向融合后"跨媒介"的产物。具体来说，是指"综合运用各种表现形式，如文、图、声、广、电，来全方位、立体地展示传播内容，同时通过文字、声像、网络、通信等传播手段来传输的一种新的传播形态"，这是周洋借鉴了刘小帅、张世福在《3G时代：传媒价值链的重构》（发表在《网络传播》2009年第7期）一文中的观点。

（三）媒介营销说

还有一种则是"媒介营销说"。该观点认为，全媒体作为一种全新的媒介营销管理观念，是建立在媒介融合基础上的媒介营销策略，包括整合性的媒介内容生产平台的创建，以及相同媒介内容的不同呈现方式的组合性使用。2009年在济南举行的"全媒体出版整合营销沙龙"上，中文在线总裁童之磊介绍了全媒体的含义，他认为全媒体出版就是同一个内容同时发布在纸质媒体、互联网、手机和手持阅读器等媒体上，即利用各种媒体和各种渠道发行阅读产品，同时尽可能覆盖所有读者。

综合以上三种学说，基本可以从广义和狭义的角度对全媒体进行概念界定。从广义上看，全媒体是指对媒介形态、媒介生产和传播的整合性应用。从狭义上看，全媒体是指立足于现代技术的发展和媒介融合的传播观念，综合传统媒体与新媒体，在媒介内容生产、媒介形态、传播渠道和传播方式、媒介运营、媒介营销观念等方面的整合性运用。

本书采用的是"媒介营销说"。本书的全媒体营销，是指在媒介融合环境下，运用全媒体整合传播，通过不同媒介（资讯+视频+电商+社交+推广等）的全场景协同作用，实现对不同时间与空间受众的全覆盖，最大限度地触达品牌的目标受众，并且对其产生更为全面的影响。

中国视野 1-2

《传媒蓝皮书：中国传媒产业发展报告（2022）》解读

2022年7月29日，清华大学新闻与传播学院、央视市场研究（CTR）、中国广视索福瑞媒介研究（CSM）、社会科学文献出版社、中国新闻史学会传媒经济与管理研究委员会在北京联合发布了《传媒蓝皮书：中国传媒产业发展报告（2022）》。

《传媒蓝皮书：中国传媒产业发展报告》已连续出版18年，2022年度报告包括总报告、传媒洞察、媒体行业与市场报告、传媒创新发展报告、全球传媒市场报告和传媒市场主要数据六大板块，一方面从政策环境、经济环境、技术环境的宏观视角来观察传媒产业生态发展基础，另一方面从营收规模、产业结构的视角来描绘传媒产业生态新格局，并从受众习惯、内容产品、营收模式、科技应用、投融资等角度对

2021年中国传媒细分领域发展状况进行系统梳理，对新技术变革影响下的发展趋势进行分析和预测，对全球主要区域和代表性国家的传媒产业发展状况进行专门论述和综合对比研究。

2021年是"十四五"规划的开局之年，中国经济新发展格局构建步伐加快。国家通过顶层设计及专项治理引导传媒生态健康发展，中国传媒产业总产值稳定增长，传媒数字经济在媒介视野的不断扩大下蓬勃发展，在建设网络强国和数字中国中展现出巨大的发展动力。全球范围内，传媒产业迅速向数字内容服务迁移，消费者行为对产业变革的影响加剧，各个行业在技术和市场的驱动下不断寻找新的增长点。

《传媒蓝皮书：中国传媒产业发展报告（2022）》指出，2021年，中国传媒产业规模呈恢复性增长态势，总产值达29 710.3亿元，增长率从上一年的8.40%提升至13.54%，恢复到2019年两位数的增长水平（图1-2）。从细分市场来看，互联网广告、互联网营销服务、移动数据及互联网业务、网络游戏、网络视听短视频及电商为五个收入超过千亿元的行业，且收入均保持稳定增长。根据中关村互动营销实验室的统计数据，2021年互联网广告收入为5 435亿元，互联网营销服务收入为6 173亿元，二者合计达11 608亿元，规模稳居传媒产业大盘的核心位置；根据工信部的统计数据，2021年移动数据及互联网业务实现收入6 409亿元，较上一年增长3.3%；广播电视广告及报刊行业规模继续收缩，广播电视广告收入持续下降至1 000亿元以下。值得一提的是，2021年电影行业收入明显反弹，增长率超过100%（图1-3）。

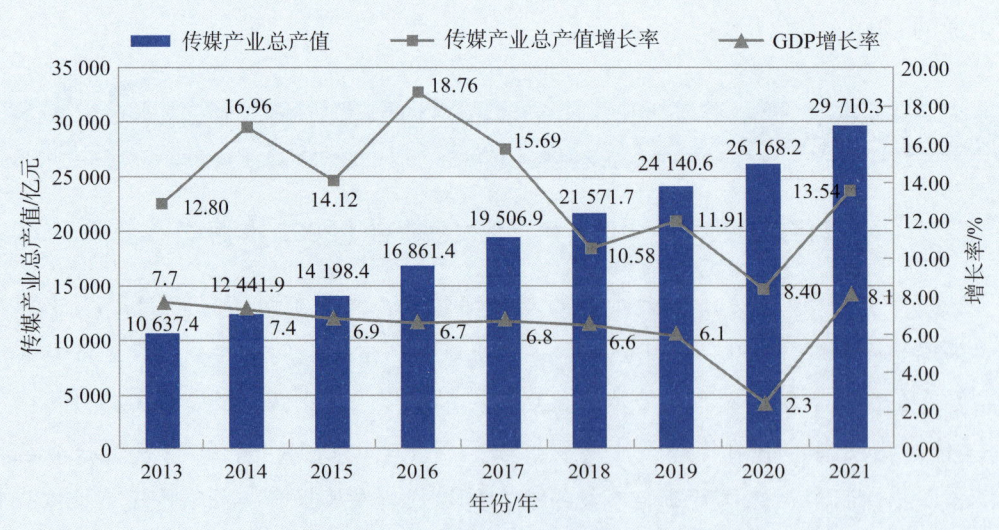

图1-2　2013—2021年中国传媒产业总产值与增长率

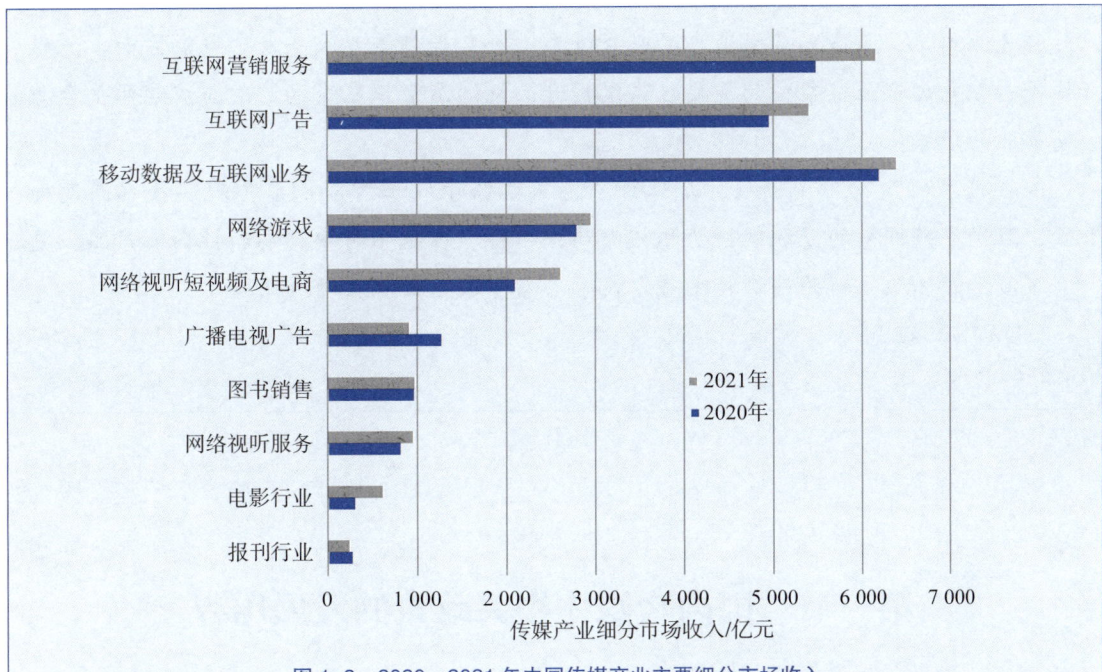

图 1-3 2020—2021 年中国传媒产业主要细分市场收入

《传媒蓝皮书：中国传媒产业发展报告（2022）》主编崔保国教授指出，传媒既是一种政治经济现象，又是一种技术创新现象，更是一种全球现象。传媒产业是指在产业链、供应链、价值链上相关联的传媒企业集群。中国的传媒产业从大的方面来说可以分为两大体系：一是内嵌于社会体制的主流媒体体系；二是市场化运行的网络数字媒体体系。这两大体系各自运行又相互交融，都具有产业属性，都参与市场竞争。

元宇宙成为 2021 年传媒科技领域最火爆的概念，各行各业不断围绕元宇宙进行探讨和探索。元宇宙本身不是一种技术，而是一个集成了互联网、大数据、云计算、人工智能、区块链、VR/AR、物联网等技术的虚拟数字新生态。这个通过技术打造出来的虚拟数字生态是对现实世界的映射，是资本为 Web3.0 时代打造的新消费场景，也是数字文明发展到新时期的形态表现。元宇宙不是"平行于"现实世界的一种存在，而是既超越现实世界又与现实世界相融合的"混合现实"。

《传媒蓝皮书：中国传媒产业发展报告（2022）》指出，全球传媒产业在转型中寻求发展，以下一代互联网为核心的网络空间成为各种主权力量角逐的主战场。

从细分领域来看，纸媒方面，广告主继续缩减对期刊、报纸等传统媒体的广告投放预算，继而转投数字媒体，迫使传统媒体在数字内容领域极力寻求流量突破以吸引广告主。许多新闻机构比以往任何时候都更加坚定地将业务重心转向数字化。广播电视方面，电视仍然是主流媒体。音频产业在内容多样性和范围广度上都有了极大的提升，音频文章、简报和音频消息的受众增多，社交音频等逐渐普及。电影方面，流媒体平台在电影产业链条中的重要性持续提升，电影消费正在走向影院与流媒体平台并驾齐驱的模式。

在技术研发及应用领域，全球许多国家都给予人工智能、虚拟现实技术高度关注，且世界范围内的互联网巨头积极布局元宇宙。在元宇宙中，创新性内容产品、更具沉浸感的体验、新的销售和交易方式等将为传媒产业带来新的机遇。

（资料来源："传媒"微信公众号，《传媒蓝皮书：中国传媒产业发展报告（2022）》，2022年8月2日）

第三节　国内全媒体相关政策的发展历程

国内全媒体相关政策的发展历程有四个关键节点，相关政策性文件的发布为全媒体在国内的发展起到指导作用。

一、全媒体首次在官方文件指导下开展实践

2006年9月中共中央办公厅、国务院办公厅印发的《国家"十一五"时期文化发展规划纲要》和2007年1月新闻出版总署印发的《新闻出版业"十一五"发展规划》两份文件，启动了"国家数字复合出版系统工程"等新闻出版重大科技工程，该工程包括各种媒体的资源服务平台、经营管理技术支撑平台、应用整合平台等建设项目。这是全媒体概念作为媒介发展方向，首次在官方文件指导下开展实践，而彼时尚未明确提出"全媒体"概念。其目的是积极推动利用数字技术改造传统新闻传播产业的生产、管理和传播方式，建设数字传播综合业务平台，提升产业的整体实力和核心竞争力。

（一）2006年《国家"十一五"时期文化发展规划纲要》

2006年，全媒体作为国家文化发展战略被提出。2006年9月，《国家"十一五"时期文化发展规划纲要》（以下简称《纲要》）正式颁布。《纲要》指出，国家将发展影视内容产业，扩大影视制作、发行、播映和后产品开发，增加数量，提高质量，满足多种媒体、多种终端发展对影视数字内容的需求；此外，还要发挥各类媒体的作用，积极促进

广告业的健康发展，努力扩大广告产业规模，提高媒体广告的公信力，广告营业总额有较快增长。相关媒体产业被规划为国家着力发展的九类重点文化产业；相关大型媒体发展成为政府采购重点扶持的创新型民族文化企业或外向型文化企业；相关中小型媒体企业逐步发展成为我国重点培育的文化创意群体和内容提供商。

《纲要》要求加强数字技术、数字内容等核心技术的研究，提高装备技术和制造技术的水平；加快广播电视传播和电影放映数字化进程，建立广播电视卫星直播系统；加快以国家数字图书馆为龙头的大容量数字化文化资源库建设，完成大中城市公共图书馆联网，实现资源共享。相关内容为之后全媒体深度融合发展提供了强有力的指导作用。

（二）2007年《新闻出版业"十一五"发展规划》

在国家政策文件的引导下，2007年，新闻出版总署印发《新闻出版业"十一五"发展规划》（以下简称《规划》）。该文件在坚持社会效益第一的根本原则下，要求相关部门激发新闻出版业活力，提高媒体行业的经济效益。

一方面，"社会效益第一"是新闻出版业发展的根本原则。媒体单位在任何时候、任何情况下都必须坚持把社会效益放在首位，确保媒体保持正确的舆论导向。《规划》提出建立和完善长效管理机制，对媒体内容、媒体单位和从业人员加强监管。另一方面，鼓励媒体单位跨媒体经营是《规划》的亮点所在。"报网融合""台网融合"都是对该文件精神的有效实践。

二、中央层面关于建设"全媒体时代"的指导意见

不同于最初的官方文件强调数字化发展和跨媒体经营，这一阶段，中央层面对于媒体的指导重点在于如何推动全媒体的融合发展，如何建设"全媒体时代"。

（一）2014年《关于推动传统媒体和新兴媒体融合发展的指导意见》

2014年8月18日，习近平总书记主持召开中央全面深化改革领导小组第四次会议，通过了《关于推动传统媒体和新兴媒体融合发展的指导意见》（以下简称《意见》），并就此发表了重要讲话。在这次讲话里，习近平总书记首次提出要遵循新闻传播规律和新兴媒体发展规律，将媒体融合发展视为遵循规律的具体行动。强化互联网思维，坚持传统媒体和新兴媒体优势互补、一体发展；坚持以先进技术为支撑、内容建设为根本，推动传统媒体和新兴媒体在内容、渠道、平台、经营、管理等方面的深度融合；着力打造一批形态多样、手段先进、具有竞争力的新型主流媒体，建成几家拥有强大实力和传播力、公信力、影响力的新型媒体集团；形成立体多样、融合发展的现代传播体系。要一手抓

融合，一手抓管理，确保融合发展沿着正确方向推进。

《意见》是中央层面针对媒体发展的一个明确的指导性文件。这一时期，全媒体的重点在于传统媒体与新兴媒体的融合一体发展。

（二）2019年习近平主持中共中央政治局第十二次集体学习并发表重要讲话

2019年1月25日，习近平总书记带领中共中央政治局同志来到人民日报社新媒体大厦，把中共中央政治局集体学习的"课堂"设在了媒体融合发展的第一线。相关领导通过调研、讲解、讨论相结合的形式，进行深入学习。在中共中央政治局第十二次集体学习中，习近平总书记就"全媒体时代"发表重要讲话，强调全媒体不断发展，出现了全程媒体、全息媒体、全员媒体、全效媒体，信息无处不在、无所不及、无人不用，导致舆论生态、媒体格局、传播方式发生深刻变化。"推动媒体融合发展、建设全媒体"成为我们面临的一项紧迫课题。

就政策角度而言，这一时期的全媒体更多的是对国内媒体提出更多更高的要求：要适应媒体技术和消费群体的发展，要占据媒体传播的制高点，更要发挥媒体效果的权威性，实现媒体传播的公信力。

延伸阅读 1-1

加快推动媒体融合发展　构建全媒体传播格局[①]

习近平

今天，中央政治局进行第十二次集体学习，内容是全媒体时代和媒体融合发展。我们参观了人民日报数字传播公司、"中央厨房"、新媒体中心等。总的感到，这几年媒体融合发展成效很大。

去年6月15日，在人民日报创刊70周年之际，我发去了贺信，要求人民日报忠实履行党的新闻舆论工作职责使命，不断提升传播力、引导力、影响力、公信力，其中就要求构建全媒体传播格局。现在，人民日报社已经有十多种载体，是影响力最广泛的时期了，从中可以看到科技发展的力量，也可以看出主流媒体回应时代挑战的努力。

在去年的全国宣传思想工作会议上，我强调要完成新形势下宣传思想工作举旗帜、聚民心、育新人、兴文化、展形象的使命任务，必须科学认识网络传播规律，提

[①] 注：这是习近平总书记2019年1月25日在十九届中央政治局第十二次集体学习时的讲话。

高用网治网水平，使互联网这个最大变量变成事业发展的最大增量。我还多次强调，各级领导干部特别是高级干部要主动适应信息化要求、强化互联网思维，善于学习和运用互联网。

伴随着信息社会不断发展，新兴媒体影响越来越大。我国网民达到8.02亿，其中手机网民占比98.3%。新闻客户端和各类社交媒体成为很多干部群众特别是年轻人的第一信息源，而且每个人都可能成为信息源。有人说，以前是"人找信息"，现在是"信息找人"。所以，推动媒体融合发展、建设全媒体就成为我们面临的一项紧迫课题。

我们推动媒体融合发展，是要做大做强主流舆论，巩固全党全国人民团结奋斗的共同思想基础，为实现"两个一百年"奋斗目标、实现中华民族伟大复兴的中国梦提供强大精神力量和舆论支持。

一、深刻认识全媒体时代的挑战和机遇

大家读历史都知道，《吕氏春秋》里讲："尧有欲谏之鼓，舜有诽谤之木。""谏鼓""谤木"就是为了收集舆论。陈胜、吴广起义时让人在帛上用朱砂写了"陈胜王"3个字塞到鱼肚子里，还让人学狐狸叫"大楚兴，陈胜王"，一来二去人们就相信了。这说明古人就很懂得发挥舆论的作用。

我多次说过，没有网络安全就没有国家安全；过不了互联网这一关，就过不了长期执政这一关。全媒体不断发展，出现了全程媒体、全息媒体、全员媒体、全效媒体，信息无处不在、无所不及、无人不用，导致舆论生态、媒体格局、传播方式发生深刻变化，新闻舆论工作面临新的挑战。

宣传思想工作要把握大势，做到因势而谋、应势而动、顺势而为。我们要加快推动媒体融合发展，使主流媒体具有强大传播力、引导力、影响力、公信力，形成网上网下同心圆，使全体人民在理想信念、价值理念、道德观念上紧紧团结在一起，让正能量更强劲、主旋律更高昂。

二、全面把握媒体融合发展的趋势和规律

党的十八大以来，我们坚持导向为魂、移动为先、内容为王、创新为要，在体制机制、政策措施、流程管理、人才技术等方面加快融合步伐，建立融合传播矩阵，打造融合产品，取得了积极成效。我们要立足形势发展，坚定不移推动媒体深度融合。

传统媒体和新兴媒体不是取代关系，而是迭代关系；不是谁主谁次，而是此长彼长；不是谁强谁弱，而是优势互补。从目前情况看，我国媒体融合发展整体优势还没有充分发挥出来。要坚持一体化发展方向，加快从相加阶段迈向相融阶段，通过流程优化、平台再造，实现各种媒介资源、生产要素有效整合，实现信息内容、技术应

用、平台终端、管理手段共融互通，催化融合质变，放大一体效能，打造一批具有强大影响力、竞争力的新型主流媒体。

我多次说过，人在哪儿，宣传思想工作的重点就在哪儿，网络空间已经成为人们生产生活的新空间，那就也应该成为我们党凝聚共识的新空间。移动互联网已经成为信息传播主渠道。随着5G、大数据、云计算、物联网、人工智能等技术不断发展，移动媒体将进入加速发展新阶段。要坚持移动优先策略，建设好自己的移动传播平台，管好用好商业化、社会化的互联网平台，让主流媒体借助移动传播，牢牢占据舆论引导、思想引领、文化传承、服务人民的传播制高点。

从全球范围看，媒体智能化进入快速发展阶段。我们要增强紧迫感和使命感，推动关键核心技术自主创新不断实现突破，探索将人工智能运用在新闻采集、生产、分发、接收、反馈中，用主流价值导向驾驭"算法"，全面提高舆论引导能力。

推动媒体融合发展，要统筹处理好传统媒体和新兴媒体、中央媒体和地方媒体、主流媒体和商业平台、大众化媒体和专业性媒体的关系，不能搞"一刀切""一个样"。要形成资源集约、结构合理、差异发展、协同高效的全媒体传播体系。

没有规矩不成方圆。无论什么形式的媒体，无论网上还是网下，无论大屏还是小屏，都没有法外之地、舆论飞地。主管部门要履行好监管责任，依法加强新兴媒体管理，使我们的网络空间更加清朗。

三、推动媒体融合向纵深发展

信息化为我们带来了难得的机遇。我们要运用信息革命成果，加快构建融为一体、合而为一的全媒体传播格局。

我多次说过，正能量是总要求，管得住是硬道理，现在还要加一条，用得好是真本事。媒体融合发展不仅仅是新闻单位的事，要把我们掌握的社会思想文化公共资源、社会治理大数据、政策制定权的制度优势转化为巩固壮大主流思想舆论的综合优势。要抓紧做好顶层设计，打造新型传播平台，建成新型主流媒体，扩大主流价值影响力版图，让党的声音传得更开、传得更广、传得更深入。

网络是一把双刃剑，一张图、一段视频经由全媒体几个小时就能形成爆发式传播，对舆论场造成很大影响。这种影响力，用好了造福国家和人民，用不好就可能带来难以预见的危害。要旗帜鲜明坚持正确的政治方向、舆论导向、价值取向。在信息生产领域，也要进行供给侧结构性改革，通过理念、内容、形式、方法、手段等创新，使正面宣传质量和水平有一个明显提高。

准确、权威的信息不及时传播，虚假、歪曲的信息就会搞乱人心；积极、正确的思想舆论不发展壮大，消极、错误的言论观点就会肆虐泛滥。这方面，主流媒体守土有责，更要守土尽责，及时提供更多真实客观、观点鲜明的信息内容，牢牢掌握舆论场主动权和主导权。主流媒体要敢于引导、善于疏导，原则问题要旗帜鲜明、立场坚定，一点都不能含糊。

要使全媒体传播在法治轨道上运行，对传统媒体和新兴媒体实行一个标准、一体管理。主流媒体要准确及时发布新闻消息，为其他合规的媒体提供新闻信息来源。要全面提升技术治网能力和水平，规范数据资源利用，防范大数据等新技术带来的风险。

我们要把握国际传播领域移动化、社交化、可视化的趋势，在构建对外传播话语体系上下功夫，在乐于接受和易于理解上下功夫，让更多国外受众听得懂、听得进、听得明白，不断提升对外传播效果。

现在，国际上理性客观看待中国的人越来越多，为中国点赞的人也越来越多。我们走的是正路、行的是大道，这是主流媒体的历史机遇，必须增强底气、鼓起士气，坚持不懈讲好中国故事，形成同我国综合国力相适应的国际话语权。

总之，媒体融合发展是一篇大文章。面对全球一张网，需要全国一盘棋。各级党委和政府要从政策、资金、人才等方面加大对媒体融合发展的支持力度。各级宣传管理部门要改革创新管理机制，配套落实政策措施，推动媒体融合朝着正确方向发展。各级领导干部要增强同媒体打交道的能力，不断提高治国理政能力和水平。

同志们！人民日报是党中央的机关报。一张报纸，上连党心，下接民心。要把人民日报办得更好，扩大地域覆盖面、扩大人群覆盖面、扩大内容覆盖面，充分发挥在舆论上的导向作用、旗帜作用、引领作用。

（资料来源：习近平，《加快推动媒体融合发展 构建全媒体传播格局》，《求是》，2019年第6期，http://www.qstheory.cn/dukan/qs/2019-03/15/c_1124239254.htm）

第四节　国外全媒体实践与研究概况

"全媒体"一词的英文为"omnimedia"。这个单词是由前缀omni（全）和核心单词media（媒体）构成的新词。这一新词最早出现在美国，它最初的应用也不是在大众传播领域，而是生活服务领域。1997年10月，一家名为Martha Stewart Living Omnimedia（玛莎·斯图尔特生活全媒体）的公司成立，其主要服务对象锁定在家庭主妇和相关消费者，公司的主导理念是为提高他们的生活品质而提供独特的观念、资讯和相关产品。为了推销其家政服务与产品，该公司竭尽所能，拥有、管理与合作的媒体非常广泛，包括主办 4 份核心杂志、艾美奖年度电视直播冠名、每周一期的哥伦比亚广播公司（CBS）《早间新闻》(This Morning)、34 种图书赞助署名。此外，还在 230 种报纸上开设周专栏，在 330 家电台开设广播节目，建立了自己的网站。显然，该公司的传播策略就是追求媒体的应有尽有。但是，限于当时的科技水平，该公司的全媒体并不全面。然而，这个具有超前意识的 "omnimedia" 却在无意中道破了传媒行业未来的发展趋势。

对于 omnimedia，许多学者认为这是一个直接翻译的陷阱——基于中英文概念直接对应翻译的缺陷。从词源的角度看，在英文中，可以找到多媒体（multi-media）、跨媒体（cross-media）、大媒体（mega-media）、富媒体（rich-media）等相关词组；但关于 omnimedia 只能检索到一家商业公司名称，鲜见关于全媒体的表述或相关研究。实际上，根据国际传播学会（ICA）出版的《国际传播学大百科全书》相关词条，符合国内学者认知的全媒体定义应该是 "digitization and media convergence"，中文可直译为 "数字化与媒介融合"。词条撰写者指出，媒介融合包括五大融合：网络融合、终端融合、服务融合、市场融合和制度融合。这与国内的全媒体概念非常契合，本书认同这种译法。这种译法不仅赋予了全媒体丰富的内涵，而且发展了其外延范围。

一、国外全媒体实践

美国《纽约时报》和英国《卫报》是国外传统报业进行全媒体数字化实践的典型代表。2012 年 12 月 20 日，《纽约时报》网站发表了一篇题为《雪崩》的关于北美地区喀斯喀特山脉雪崩事件的专题报道。该报道将新闻报道与多媒体交互技术完美融合，用图片、文字、视频和 3D 模拟动画等描述了发生在喀斯喀特山脉一次惊心动魄的大灾难。该专题报道一经发表，就引起了巨大反响。此后 6 天时间里，这篇报道的访问者超过 290 万人次，其中有 1/3 的访问者是《纽约时报》的新增读者，他们大多是社交网站分享链接带来的读者。2013 年，《纽约时报》的《雪崩》多媒体报道获得普利策奖。《纽约时报》的定位是专业内容的提供者，其紧跟用户需求，用户在什么平台，他们就将内容做到那个平台。通过经营用户而扩大自身内容在网络上的传播范围，实践其全媒体数字化变革。

媒体报道的 "数据可视化" 就是把数据新闻和 "可视化" 相结合，制作出不同于传统数据呈现形态的数据新闻产品。新闻的 "数据可视化" 并不是《纽约时报》的首创，英国《卫报》早就有过这方面的探索实践。

作为较早致力于网络转型的报纸，英国《卫报》不仅探索新的新闻生产方式，还开创性地深挖用户价值，更加前卫、颠覆性地实践其媒体融合的数字化变革。2006 年 5 月，

《卫报》创立了"自由评论"版块，联合优秀专栏作家、观察者和其他一些经常撰写博客的评论员成立了一个活跃的评论团体。2009年，《卫报》的网站出现"数据博客"版块，将大量的数据汇聚成一个资料库，用户也能参与数据的分析与补充。2012年，《卫报》提出"开放式新闻"的理念。2014年，《卫报》获得《英国新闻评论》评出的数字新闻大奖，同时还获得年度网站、最佳调查报道等多个奖项。《卫报》深入融合用户、参与媒体实践的做法，使得用户成为真正的新闻参与者，而非仅仅停留在信息接收和新闻来源提供的传统层面。

2013年，美国有线电视新闻网（CNN）开始全面实施"移动优先，数字第一"的新媒体发展战略。CNN要求新闻策划、记者派遣、新闻制作、广告经营、技术支持等各方面都将新媒体列入首要考虑范围，将电视记者转为全媒体记者。

与报纸、电视台等信息终端一样，属于信息传播上游产业的通讯社同样面临数字化变革转型的压力。为了向信息提供商转型，英国路透社采取批发市场与零售市场两手抓的策略，开辟直接面向受众的新媒体产品；2015年，构建新的数字新闻传播平台——Reuters TV，将全球发生的热点事件用短视频传递给用户；基于不同地域，开通不同语种的网站，制作出适宜当地传播的信息产品。而美国彭博新闻社则是通过新版移动客户端，探索个性化、区域化和分时段推送内容；增强用户的视频体验，为用户提供持续的全媒体体验。此外，部分媒体借助电子商务、B2B等手段开发媒体多元化市场。

二、国外全媒体研究概况

数字人文与媒介融合是国外全媒体研究的两个核心领域，其中，媒介融合的相关研究更加成熟并自成体系。

（一）数字人文

数字人文是一个新兴交叉的研究领域，正处于蓬勃发展阶段。

目前，数字人文研究主要集中在三个方面：一是利用数字信息技术解决一些人文学科已经存在但是传统人文学科无法解决的问题，如文学争议、文化遗产数字化保护等；二是发现并研究数字信息技术带来的新的人文问题，如数字资本主义、数据主权、数据捐赠等；三是探索新型软件工具和平台在人文知识的生产、传播与教学中的应用及其影响。特别是第三种研究的量化数据，为人文学科的量化发展提供了空前的机遇，也为全媒体研究提供了更多的研究成果。

（二）媒介融合

国外的媒介融合研究经历了从侧重基础理论研究到聚焦宏观研究，再到关注实践研究和新兴技术研究的变化过程。

国外媒介融合研究主要有三种研究视角：媒介史的视角、文化研究的视角和政治经济学的视角。其中，以媒介史为研究视角的代表学者认为"媒介融合是传统媒体与新技术的结合"。这种观点认为媒介融合作为一种历史传统甚至可以追溯到19世纪，为媒介融合研究提供了一种纵向考察的方法。文化研究视角的主要代表学者是亨利·詹金斯（Henry Jenkins），他指出"'媒介融合'一词涉及技术、产业、文化和社会变迁等方面"，而"媒介融合意味着一种文化转换，正如消费者被鼓励不断发掘新的信息，进而把分散的媒介内容合二为一"。他认为，在媒介融合的文化语境下，混杂着大众文化元素的集体智慧足以改变教育、法律、政治、经济甚至军事行动的方式。媒介融合也呈现了媒介权力的重构、媒介审美与媒介经济的重塑。文化研究的视角为全媒体研究扩大社会影响力提供了相关的理论支持。政治经济学的研究视角以蒂姆·德维尔（Tim Dwyer）和克劳斯·布鲁恩·延森（Klaus Bruhn Jensen）为代表。蒂姆·德维尔指出："媒介融合是一个过程。新技术被容纳进现有媒介和大众传播文化工业之中。"基于政治经济学的研究立场，他在《媒介融合》一书中将媒介融合具体分为产业融合、技术融合与监管融合，但其论著仍然存在理论和实证支撑之间的鸿沟。克劳斯·布鲁恩·延森的《媒介融合：网络传播、大众传播和人际传播的三重维度》一书也被认为是从政治经济学视角研究媒介融合的代表作，他在书中阐述了媒介融合的三个维度的关系。

本章小结

全媒体的实践最早是消费需求驱使的。但随着科学技术和媒体的发展，全媒体的内涵和外延都在不断发展和壮大。互联网的全媒体之路更侧重以资本为导向，借助技术和渠道的优势，打造媒体产业链，用媒体形式和媒体技术的创新弥补其媒体内容的缺位。中央广播电视总台的"台、网、端、微、屏、号"六位一体传播，全面实践了以媒体内容为核心的主流官媒的"四全媒体"发展之路。"万物互联""万物皆媒"的全媒体为移动互联网时代开辟了新的实践场域。

国内学界对于全媒体概念及其内涵的研究尚处于各抒己见的状态。其中三种学说影响较大：营运理念（模式）说、传播形态说和媒介营销说。本书采用的是媒介营销说。本书的全媒体营销，是指在媒介融合环境下，运用全媒体整合传播，通过不同媒介（资讯＋视频＋电商＋社交＋推广等）的全场景协同作用，实现对不同时间与空间受众的全覆盖，最大限度地触达品牌的目标受众，并且对其产生更为全面化的影响。

2006年9月发布的《国家"十一五"时期文化发展规划纲要》和2007年1月发布的《新闻出版业"十一五"发展规划》两份文件，启动了"国家数字复合出版系统工程"等新闻出版重大科技工程，这是全媒体概念作为媒体发展方向，首次在官方文件指导下开展实践。而2014年《关于推动传统媒体和新兴媒体融合发展的指导意见》和2019年中共中央政治局第十二次集体学习时习近平总书记发表的关于全媒体时代的重要讲话，则是中央层面对如何推动全媒体的融合发展、如何建设全媒体提出的明确指导意见。这些文件和讲话成为国内全媒体相关政策发展历程中的四个关键节点。

国外全媒体研究的两个核心是数字人文与媒介融合。其中数字人文研究主要集中在利用数字信息技术解决传统人文学科已有但无法解决的问题，发现并研究数字信息技术带来的新的人文问题，探索新型软件工具和平台在人文知识的生产、传播与教学中的应用及其影响。而媒介融合研究的视角则集中在媒介史、文化研究和政治经济学三个方面。其中，文化研究的视角为全媒体扩大社会影响力提供了坚实的理论基础。

第二章

全媒体营销理论的历史溯源

学习目标

了解全媒体营销理论的演进过程；掌握4P、4C、4R、4V以及整合营销的概念与核心要素；知晓4P、4C、4R、4V以及整合营销的特点与产生的时代背景；熟悉4P、4C、4R、4V以及整合营销的典型应用。

关键术语

4P营销；4C营销；4R营销；4V营销；整合营销；AISAS模型

第一节 从4P到4V——经典营销理论的演进

2021年1月23日，在科特勒未来营销峰会上，"现代营销学之父"菲利普·科特勒（Philip Kotler）进行了一场有关"直达消费者的营销"的演讲。科特勒再次重温其提出的营销1.0到4.0。营销1.0关注产品的物理特征和属性；营销2.0关注产品所传递的情感；营销3.0关注产品及其营销的社会贡献；营销4.0关注营销如何进行数字化革新。营销经典理论从4P到4V正好对应营销1.0到4.0。

一、满足大众市场需求的营销1.0：4P营销理论

营销1.0始于第一次工业革命时期生产技术的提升，大规模、标准化的产品为了满足大众市场的需求而被生产出来。20世纪50年代到70年代，许多发达国家的制造业进入生产的黄金时期，GDP进入高速增长期。因此，产能过剩不可避免地出现了，卖方市场转变为买方市场。4P营销理论登上历史舞台。

（一）4P 营销理论的内涵

4P 营销理论产生于 20 世纪 60 年代的美国。1960 年，美国营销学大师杰罗姆·麦卡锡（Jerome McCarthy）在其著作《基础营销》(Basic Marketing) 中第一次提出 4P 营销理论。麦卡锡把营销要素概括为四类：产品（product）、价格（price）、渠道（place）和促销（promotion），4P 即四个单词首字母的缩写。自此，4P 营销理论开始盛行于世。

1967 年，菲利普·科特勒在其畅销书《营销管理：分析、计划、执行和控制》第一版进一步确认了以 4P 为核心的营销组合方法。1986 年，菲利普·科特勒在《哈佛商业评论》上发表了《论大市场营销》。他提出了"大市场营销"概念，即在原来的 4P 组合的基础上，增加两个要素：政治力量（political power）和公共关系（public relations）。

随着时代的发展，4P 营销理论必然会不断发展、更新和演化，但不可否认在与市场营销相关的理论界和业界，4P 营销理论的诞生是里程碑式的贡献，也是现代企业研究营销策略的基础。4P 营销理论将错综复杂的营销理论简化为通过企业可控的因素来适应外部环境变化的四个要素，为企业在激烈的竞争中指明了方向，为营销管理的研究提供了明确的方向，直至今天该策略仍然发挥重要作用。

（二）4P 营销理论的核心要素

4P 营销理论的核心要素是产品、价格、渠道和促销（图 2-1）。

产品要素主要包括产品种类、质量、设计、特色、品牌名称、包装、功能、规格、样式、担保、服务等。

价格要素主要包括产品在市场的标价、组合价格、折扣、返利、付款期、赊销条件、

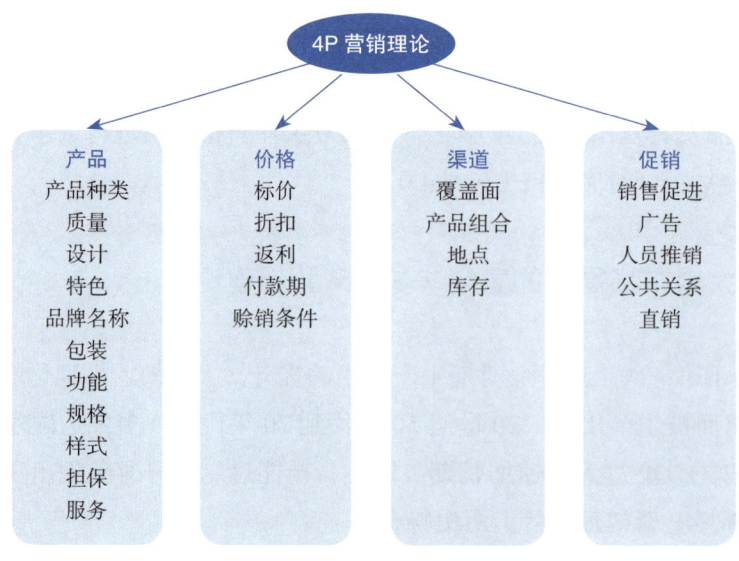

图 2-1　4P 营销理论的四个组成部分

支付方式及期限等。

渠道要素主要包括覆盖面、产品组合、地点、库存、运输等。

促销要素主要指在适当的时机、条件和地点，通过销售促进、广告、人员推销、公共关系、直销等手段来说服顾客主动购买产品。

（三）4P营销理论的特点

诞生于20世纪60年代的4P营销理论与当时的市场环境密不可分，当时市场竞争不激烈且产品供不应求。根据市场环境与4P营销理论的要素可以梳理出4P营销理论的典型特征。

1. 4P营销理论以企业为导向

4P营销理论的四个要素中，产品是核心，这是站在企业和生产者的角度来衡量产品的生产与销售流程。同时，价格制定的依据是企业的利润。渠道和促销也都是以企业为起点，以消费者为终端。可见4P营销理论对消费者要素考虑较少，或者说，消费者居于被动地位，消费者的选择余地较少。

2. 4P营销理论的方式呈现单向特征

第二次世界大战后物资匮乏，在采用大规模生产降低成本、提高生产效率的同时，企业的主要目标是生产尽可能多的产品，消费者的需求和变化反馈到企业往往是滞后的，企业和消费者之间没有有效的沟通。4P营销理论诞生后，二者之间的鸿沟仍然存在，信息需要经过若干中间环节才能相互传递，产品也需要经过层层中间商才能到达消费者手中，而消费者需求也很难准确传递到企业。单向"灌输"式的传播方式成为4P营销理论的一大特征。采用4P营销理论的企业因此也很难赢得消费者对品牌的独特情感和忠诚度。

3. 4P营销理论更适用于规模化生产的行业

20世纪50年代至70年代是规模化生产的黄金时期，尤其是制造业发展迅猛。市场短期内不会出现太大的波动和改变，4P营销理论为规模化生产的企业厘清营销的路径，将不可控的因素简化为可控的四个变量，使其更好地生产出满足市场需求的产品，并以合理的价格、合适的渠道到达消费者手中。对于制造业以及那些对产品与技术要求较高的行业，产品的质量与企业生存攸关，对产品的投入、研发、更新以及不断完善产品本身至关重要。时至今日，4P营销理论仍然适用于此类行业。

产品生命周期理论认为任何产品都会经历引入期、成长期、成熟期和衰退期四个阶段。在引入期和成长期的产品存在一定的模仿性，这一时期市场上的产品供给不足，行业具有一定的准入门槛，在这个阶段运用4P营销理论就显得尤为重要了，企业应该做好4P中的产品要素，将其做精做细，从而更好地进行产品的差异化竞争。

当市场充分竞争且呈现饱和状态时，企业的产能开始过剩，市场上的产品供大于求，比如如今的手机、汽车等市场。由于其技术门槛较高，充分的市场竞争使得现有的企业相对稳定，因而企业会更多地关注产品本身，通过产品创新、提高产品的附加值或完善与产品有关的增值服务来提升销量和口碑。把握产品设计，既可以使消费者保持对品牌的忠诚，又可以实现让消费者重复购买产品这一目标。可见，注重产品本身的4P营销理论仍然有效。

还有一类情况也适用4P营销理论，那就是企业处于完全拥有市场主导地位且技术门槛较高的垄断行业，因其市场的特殊性，没有竞争者，消费者没有其他的选择，企业也就无须太关注消费者的忠诚度，而应把注意力放在产品本身上。

（四）4P营销理论的操作策略

1. 产品策略

在市场营销学中，产品是指企业为满足消费者或用户的需要而向市场提供的任何有形产品和无形服务。产品的营销概念由三个层次组成，即核心产品、形式产品和延伸产品。菲利普·科特勒在此基础上又提出了整体产品概念的五层理论，分别是核心产品、形式产品、期望产品、延伸产品和潜在产品。在运用产品策略进行营销策划时，可以通过产品组合、新产品开发、品牌整体策略、产品包装策略以及产品服务策略来对产品进行整体的策划与推广。

运用产品策略要建立在对市场进行调查和分析的基础上，通过有效的数据分析得出市场需要的产品。市场需求和消费者定位明确，才能将产品策略的优势发挥到最大。同时，产品不再只是传统意义上的物质消费品，还应满足消费者在消费过程中的附加需求，比如提供服务、展现新奇的创意等。

在4P营销策略中，产品策略是核心，是价格策略、渠道策略和促销策略的基础。在社会分工日益细化的今天，跟产品有关的评价项目越来越复杂，从产品性能设计、产品外观造型设计、产品包装设计到产品服务等，都是消费者在选择时重点关注的因素。

2. 价格策略

4P营销策略中的价格策略取决于定价、折扣、付款时间等。产品的最高价格与市场需求息息相关，最低价格与企业成本费用紧密关联。产品的定价往往在最高和最低价格之间。价格是产品营销在市场竞争中非常重要的环节，合理的定价需要符合消费者的心理预期，同时为企业带来利润。影响定价的因素有很多，包括产品成本、市场环境、消费者购买心理、政策法规指导等。合理的定价有利于吸引消费者，同时提升企业的品牌形象等，相反，不合理的定价会对产品竞争力产生消极影响。因此，产品的定价是企业走向市场的难点之一。而在消费者心目中，最终的消费往往取决于产品的性价比。比如，小米手机就是因其高性价比而获得手机市场上的一席之地。世界500强的沃尔玛坚持

"天天平价"，把降低成本贯穿到每个环节中，也是价格策略在起主导作用。

3. 渠道策略

4P营销理论中的渠道策略聚焦产品到达市场前的途径和流程，包括分销、运输、储存等。渠道策略是产品进入市场的重要保障。高效的渠道管理有助于产品策略的成功，能够提升产品的市场占有率，同时提高企业的利润和产品的竞争力，进而为打造可亲可信的企业品牌形象提供坚实的基础。在互联网普及的当下，渠道策略更多地关注营销渠道的多元化建设。

4. 促销策略

促销策略是4P营销理论中的最后一个环节，也是离消费者最近的一环。促销策略是企业和品牌通过广告、公关、推销等促进产品销售的各式各样的手段，以吸引消费者和潜在客户，让他们产生兴趣进而购买产品，最终实现企业盈利的目的。促销策略已然成为现代营销中必不可少的步骤。有效的促销能迅速抢占市场份额，吸引特定的消费人群。

当然，促销策略多种多样，其中，产品组合促销是基本的促销形式，有助于拓展营销方式。在促销时，企业需要注意的是企业的利润不能因为促销而受损，不能陷入价格和促销的恶性竞争中，同时，促销的产品不能以次充好，要保证促销的产品质量与常态产品一致。在移动互联网的背景下，促销策略与手段越来越丰富，通过网络等方式进行线上花样促销也已经成为常态，比如开展自媒体网络营销（直播带货）、线上预定、送货上门等。

> **典型案例 2-1**
>
> #### 海底捞火锅店的4P策略
>
> 始终秉承"服务至上、顾客至上"理念的海底捞品牌创建于1994年，历经二十多年的发展，海底捞国际控股有限公司已经成长为国际知名的餐饮企业，连续多年进入中国烹饪协会发布的"中国餐饮企业百强名单"。海底捞多年来历经市场和顾客的检验，成功地打造出信誉度高、融汇各地火锅特色于一体的优质火锅品牌。海底捞在营销上具有典型的4P营销特征。
>
> **一、海底捞的延伸产品策略**
>
> 海底捞在产品上注重多元化和差异化。海底捞火锅在延续川渝餐饮原有的麻辣文化的基础上，收集日益变化的需求并结合不同地域和文化不断对菜品进行创新改进。海底捞火锅目前已有多种口味风格的锅底和蘸料，满足了广大消费者的个性化需求。锅底的选择非常丰富，有可以喝汤的招牌番茄锅底、慢火熬煮4小时的经典麻辣锅底、菌汤锅底、清油麻辣锅底、三鲜锅底、猪肚鸡锅底等。同时海底捞火锅每季度会

结合互联网大数据和消费者建议，针对顾客不同的年龄、性别、口味偏好等方面进行适应季节的差异化菜品推荐。

除了核心产品，海底捞在延伸产品上也很有特色，也就是附加服务。传统餐饮行业的服务时间仅限于就餐时间，而海底捞的服务则是将就餐前、中、后各个时间段都包括在内，还有在消费者中广为传播的具有海底捞火锅特色的员工规范化服务，包括就餐前亲切的迎客服务、优质的车辆服务、排队等候时可以免费享受的美甲服务以及瓜子点心和免费皮鞋擦拭清理服务等，部分门店还设有儿童游乐园，并有专人陪护；餐中会为每名顾客送上围裙，更有为顾客提供橡皮筋、眼镜布等细节服务，还会有融合中华武术的捞面表演和四川特色的国粹变脸表演；在客人用餐结束后还会送上口香糖清洁口腔。最让顾客满意的是有求必应、无微不至的服务态度和具有超高积极性的服务员。海底捞火锅给予顾客的近乎宠爱式的服务和透明化的菜品价格是消费者愿意消费的原因。

二、海底捞的差异化价格策略

价格差异化是在充分考虑产品差异、顾客需求差异、时间差异、地点差异等的基础上，以不反映成本费用的比例差异而制定不同的价格。海底捞在全国乃至全世界拥有多家门店，但是各个门店定价不同，价格有高有低，这与当地的消费水平以及运营成本有关，这样的定价方式更符合所在市场顾客的消费水平。

三、海底捞的渠道策略

坚持采用直营模式。海底捞火锅不同于行业其他餐饮公司的最大特点是所有连锁店均采用直营模式，这样总部能拥有直接控制权，便于执行公司的营销理念。海底捞的规范化服务是企业品牌亮点，直营模式能保证全球所有消费者都享受此服务。此外，直营模式能使企业直接面对消费者，有助于企业获取最有效的市场信息，推进企业创新改进。

产业链全覆盖。海底捞不仅仅是一家连锁直营火锅店，更是火锅产业链全覆盖的集团。海底捞的产业链涉及火锅底料供应、中央厨房、菜品采购、仓储物流、外卖送餐等方面，使得海底捞火锅能在保证菜品的口味和品质最佳的同时将原材料成本降到最低，布局全产业链也是海底捞火锅的核心竞争力之一。

四、海底捞的促销策略

口碑营销。海底捞火锅能成为餐饮业复购率第一的品牌，源于海底捞火锅无微不至的服务和不断提高的质量。海底捞火锅在消费者心中树立了一个良好的品牌形象，并通过消费者的相互交流将品牌传播开来。以口碑宣传海底捞火锅的实际效果非常好，且几乎无需商业广告的投入。

网络营销。随着移动互联网的快速发展，自媒体的影响力与日俱增。海底捞火锅也进驻各媒体平台开展网络营销，并且开展网上定餐、送餐上门业务。外卖服务不仅可以降低顾客进店就餐的服务成本，而且满足了一部分年轻人想要在家品尝海底捞火锅的需求。

折扣营销。海底捞火锅是为数不多24小时营业的火锅店，24小时营业能增加营业额但也会增加营业成本，海底捞火锅针对翻台率较低的时间段采取对特定人群的打折优惠活动。海底捞还推出了针对大学生的优惠折扣，这一促销方法极大地吸引了大学生这一消费群体，从而占据了更多的市场份额。

（资料来源：蒋杨华，《基于营销学4P理论的海底捞火锅运营策略研究》，《广西质量监督导报》，2020年第1期）

二、"请注意消费者"的营销2.0：4C营销理论

营销2.0以消费者为导向，注重让消费者满意，因此产品传递的情感开始成为营销的侧重点，个性化定制的产品与服务成为企业满足消费者的重要手段。

大规模定制需要以市场为起点，准确捕捉和挖掘细分市场中客户的个性化需求，与客户直接进行交流，以此制定综合的市场营销组合策略，以实现顾客价值和企业效益的双赢。这种崭新的生产和管理模式必然要求有一种新的市场营销方式与之对应。

（一）4C营销理论的内涵

随着市场竞争日趋激烈，媒介传播速度越来越快，4P营销理论越来越受到挑战。1990年，美国学者罗伯特·劳特朋（Robert F. Lauterborn）教授在其《4P退休 4C登场》专文中提出了与4P营销理论相对应的4C营销理论。4C即顾客（customer）、成本（cost）、便利（convenience）与沟通（communication）。

4C营销理论重新设定了市场营销的四个基本要素。它以消费者需求为核心，从消费者角度出发，通过企业与消费者双向交流的方式，满足消费者需求，从而提高其忠诚度。

（二）4C营销理论的要素

4C营销理论的四个要素分别是顾客、成本、便利和沟通（图2-2）。顾客要素主要指企业要根据消费者的需求来生产适合的产品。成本是指企业不仅要考虑产品的生产成本，更要考虑消费者的购买成本，包括购买所需支付的货币、时间、精力以及决策风险等。便利是指企业要尽可能地为消费者提供购买、使用产品的便利环境。沟通则是指企业要注重通过多种渠道与消费者保持积极有效的沟通交流，以维护良好的消费者关系。

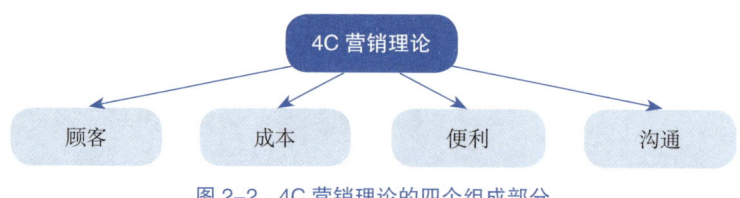

图 2-2　4C 营销理论的四个组成部分

（三）4C 营销理论的特点

1. 4C 营销理论以消费者为导向

顾客（即消费者）是 4C 营销理论的出发点。企业要研究消费者的需求，根据需求生产产品，研究消费者愿意支付的价格，而不是只考虑产品的成本。企业要为消费者购买产品提供便利，在销售环节与消费者平等沟通，而不是想当然地进行促销。所以，4C 营销理论的核心是消费者，主张营销的立足点应当是消费者，而不是营销者。所有的营销行为都是围绕消费者的需求及其消费行为产生而设置的。因此，"请注意消费者"的 4C 营销理论是一种消费者在营销中占据主动地位的营销理念，它以消费者需求为出发点，以满足消费者需求为目标，注重提高消费者在市场中的地位并强调消费者需求及其变化的作用。

2. 4C 营销方式注重一对一的沟通

20 世纪 90 年代，商品的同质化现象越来越严重，市场细分成为必然，企业和品牌方需要更精细化的产品方案。4C 营销理论的诞生为企业指明了方向，从消费者的需求出发细化产品，才有可能在这一时期打开销路。企业想要长久地生存，仅仅针对消费者需求是不够的，还需要培养消费者的忠诚度。在运营过程中，企业会发现自己 80% 的利润来自 20% 的顾客，于是努力让那 20% 的顾客满意就成为最重要的策略。

然而，消费者需求和让消费者满意是很难把握的，如何精准把握市场风向、正确预判消费者的需求就显得尤为重要。随着现代信息技术的发展，企业与消费者"一对一"的沟通获得了技术支持和相关保障。"一对一"沟通让消费者主动参与到企业的营销中，成为与企业共同创造价值的伙伴，在这个过程中消费者真实的需求更容易被挖掘出来。因此，企业需要"一对一"的沟通来提高顾客对品牌的忠诚度，使其完成重复购买。

3. 4C 营销理论更适用于服务业

现代服务行业在市场中更容易呈现充分竞争的状态，一般是供大于求。产品、营销活动和营销策略等都相对同质化，消费者选择的空间比较大。4C 营销理论在这类行业中能发挥更明显的作用。当前，市场环境已经由卖方市场转变为买方市场，由"以卖方为中心"转变为"以消费者为中心"。企业开始想方设法地提供力所能及的个性化增值服务，重视与顾客的"一对一"沟通，及时把握消费者需求的变动，积极满足消费者的需求。

4C 营销理论立足于满足消费者需求，与 4P 营销理论相比更加适用于顾客至上的服务行业。因此，企业需要形成自己的独特品牌并不断提升顾客的满意度，由此脱颖而出，培养顾客的忠诚度。4C 营销理论的重点在于指导企业研究顾客需求并与顾客进行及时的双向沟通。

（四）4C 营销理论的操作策略

1. 顾客策略

顾客策略主要指顾客的需求。企业必须了解和研究顾客，根据顾客的需求来提供产品。同时，企业提供的不仅仅是产品和服务，还包括由此产生的客户价值。随着市场环境的发展，消费者的需求日益多元化，市场主体间的竞争也更加激烈。谁能更加快速、准确地定位目标受众，更好地满足其个性化需求，谁就更容易赢得受众的喜爱。

2. 成本策略

成本策略中的成本，不单指企业的生产成本，或者 4P 营销理论中的价格，它还包括顾客的购买成本。成本策略意味着产品定价的理想情况应该是既低于顾客的心理价格，又能够让企业有所盈利。此外，顾客购买的成本不仅包括其货币支出，还包括其为此耗费的时间、体力和精力，以及购买风险。

3. 便利策略

便利策略即为顾客提供尽可能多的购物和使用便利。4C 营销理论强调企业在制定分销策略时，要更多地考虑顾客的方便，而不是企业自己的方便。要通过好的售前、售中和售后服务让顾客在购物的同时享受到便利。便利是客户价值不可或缺的一部分。

4. 沟通策略

沟通策略对应的是 4P 营销理论中的促销策略。4C 营销理论认为，企业应通过与顾客进行积极有效的双向沟通，建立基于共同利益的新型企业与顾客的关系。比如在直播的过程中，消费者与主播可以"面对面"进行交流互动。主播在介绍产品信息、展示产品功能时，消费者可以直接在评论区提出疑问或发布需求，主播也可以实时予以回应，甚至就某一话题展开深度讨论。

三、与消费者建立长期而稳定关系的营销 3.0：4R 营销理论

营销 3.0 关注产品及营销的社会贡献。营销 3.0 时代的企业需要具备更远大的服务整个世界的使命、愿景和价值观，以解决当下社会存在的问题为己任。营销 3.0 时代的营销者不再仅仅把顾客视为消费的人，而是把他们看作具有独立思想、心灵和精神的完整的

人类个体。这一时期的营销理念已经提升到关注人类价值和精神的层面,企业与消费者建立长期而稳定的关系成为企业营销的重点。

(一)4R营销理论的内涵

4R营销理论是由美国学者唐·舒尔茨(Don E. Schultz)在4C营销理论的基础上提出的新营销理论。4R分别指关联(relevancy)、关系(relationship)、反应(reaction)和报酬(reward)。该营销理论认为,随着市场的发展,企业需要从更高层次上以更有效的方式在企业与客户之间建立起有别于传统的新型主动关系。

(二)4R营销理论的要素

4R营销理论的四个要素分别是关联、关系、反应和报酬(图2-3)。

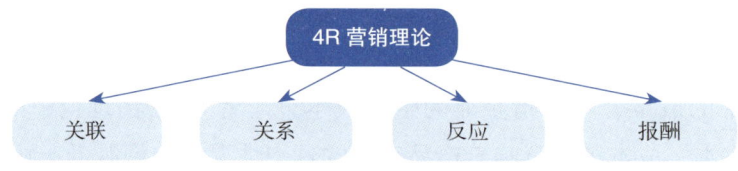

图2-3 4R营销理论的四个组成部分

1. 关联

关联是指把企业和消费者看作一个命运相连的共同体,二者紧密关联在一起。因此,企业经营最重要的核心理念就是建立并发展与消费者之间的长期关系,稳固消费者的忠诚度。

2. 关系

关系是4R营销理论的关键,4R营销理论首次提出企业与消费者的关系是营销的主要变量之一,企业的注意力从早期的一次性交易转向和消费者建立长期稳固的关系。因此,企业更加重视长期利益,重视与消费者的互动,甚至让消费者参与到产品的设计、生产和销售过程中。

3. 反应

反应主要是指企业对用户的需求和市场变化的快速反应。企业在充分了解消费者的重要程度后,经营重心就转到关注和回应消费者的需求,从而制订和实施生产计划上。对于企业运营者来说,站在消费者的角度,满足消费者多样的需求是最难实现的。因此,在4R营销策略中,消费者购买产品后的反应是产品迭代升级甚至制造新产品的源头所在。

4. 报酬

报酬即回报,企业重视消费者需求的同时,不能无限度地迎合消费者,因为消费者对产品价格的需求与企业盈利的最终目的始终是相悖的。因此,4R营销理论提出企业应同时注重消费者的需求和合理的回报，这样才能更长久地发展。

（三）4R 营销理论的特点

1. 4R 营销理论以竞争为导向

在市场竞争日益激烈的形势下，既关注消费者需求又兼顾企业和品牌方利益的 4R 营销理论是更为有效且更便于操作的营销思路。关联、关系、反应和报酬的前提和基础是竞争。企业以有效的方式了解用户并与用户形成关联，且保持一种持续的合作关系，企业在面对市场和用户的时候要有快速的反应，拉近与用户的距离从而赢得竞争。企业为了在竞争中获取优势，兼顾成本和顾客需求的双赢才是最有价值的策略。

2. 4R 营销理论真正体现并落实了关系营销的思想

4R 营销理论事实上以关系营销为核心，注重企业和消费者的长期互动。同消费者建立关系，与消费者保持长久关系，对消费者需求及时反应，同时保障企业长期利益，都是 4R 营销理论的具体操作方式。关系营销的难点在于找到彼此都能接受且满意的界限，企业追求的回报与消费者愿意支付的成本之间的差距越小，彼此的满意度就越高，也就越容易实现相互促进从而达到双赢的效果。同时，4R 营销理论中的反应要素为这种双赢提供了机制上的保障和基础，使得彼此的关系更加融洽。

（四）4R 营销理论的操作策略

1. 关联策略

4R 营销的具体操作从与消费者建立紧密的联系开始，这是企业营销的第一步。通过线上线下等各种有效的方式在产品性能、焦点、需求等方面与消费者建立关联，让消费者认为自己需要产品。比如，近几年热播的影视剧在开播前都会从剧中挑选一些可能会被热议的内容放到线上进行营销，这些内容往往跟当下的社会现象有一定的关联。

2. 关系策略

4R 营销理论认为，如今抢占市场的关键已转变为与顾客建立长期而稳固的关系，把交易转变成一种责任，建立起和顾客的互动关系。而沟通是建立这种互动关系的重要手段。

3. 反应策略

反应策略主要是指企业对市场变化和消费者需求的反应速度。及时倾听消费者的需求、渴望和期盼，急消费者之急，及时做出合适的产品来满足顾客的需求，这样企业才能在市场中立足发展。

反应的核心是了解和预判消费者的消费倾向，分析他们的心理，并以此为中心，快速满足消费者的需求，进行有效营销。如今，社交媒体已成为人们日常生活的一部分，人人都有发言的途径，企业在复杂的网络环境中通过把控网络话题的走向来实现自身的有效营销就变得非常重要。

4. 报酬策略

由于营销目标必须注重产出，注重企业在营销活动中的回报，所以企业要满足客户需求，为客户提供价值，不能做无用的事情。一方面，回报是维持市场关系的必要条件；另一方面，追求回报是营销发展的动力，营销的最终价值在于给企业带来短期或长期的收益。

四、让消费者产生共鸣的营销 4.0：4V 营销理论

营销 4.0 专注于进行数字化革新。按照菲利普·科特勒的说法，这一时期又被称为价值驱动与大数据期。随着移动互联网等新技术的出现，消费者更容易接触到各种不同的产品和服务，也更容易找到具有共同需求的其他消费者，社群就是在此基础上建立的。于是企业也将重心转移到尊重消费者价值观，让消费者参与到营销中，让消费者产生共鸣，满足消费者个性化的需求。

（一）4V 营销理论的内涵

从 20 世纪 80 年代开始，高科技企业、产品与服务等出现在市场中，与此对应的高科技产业迅速崛起，移动通信、交通、互联网信息技术、电子媒介的发展使交流变得更加便利，成本也越来越低。加拿大传播学家马歇尔·麦克卢汉（Marshall McLuhan）于 1964 年在其著作《理解媒介：论人的延伸》中首次提出了"地球村"的概念。他认为，"地球村"的主要含义不是指发达的传媒使地球变小了，而是指人们的交往方式以及人的社会和文化形态发生了重大变化。营销的观念和方式也在悄然发生变化，不断丰富和发展，并逐渐形成了新的理念。在此基础上，我国的学者综合性地提出了 4V 营销理论。学者吴金明在其论文《新经济时代的"4V"营销组合》中提出，4V 是指差异化（variation）、功能化（versatility）、附加价值（value）和共鸣（vibration）的营销组合理论。

4V 营销理论从消费者视角出发去看待市场，首先强调的就是差异化营销。通过差异化营销与竞品区别开来，打造自己"独树一帜"的形象，同时区分自己的消费者，满足其个性化需求。

（二）4V 营销理论的要素

4V 理论的四个要素分别是差异化、功能化、附加价值和共鸣（图 2-4）。

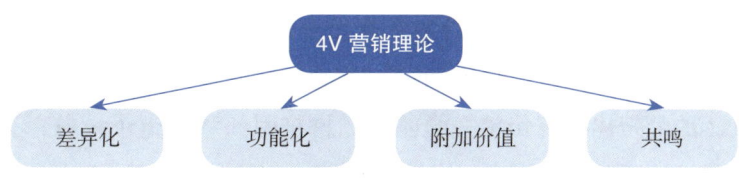

图 2-4　4V 营销理论的四个组成部分

4V 营销理论中，差异化营销一般分为产品差异化、形象差异化和市场差异化三个方面。功能化主要指功能弹性化。根据消费者消费要求的不同，提供不同功能的系列化产品供给，增加一些功能就变成豪华奢侈品或高档品，减掉一些功能就变成中、低档消费品。提高产品的附加价值应从三个角度入手：提高技术创新在产品中的附加价值；提高创新营销与服务在产品中的附加价值；提高企业文化或品牌在产品中的附加价值。共鸣强调的是将企业的创新能力与消费者所珍视的价值联系起来，通过为消费者提供价值创新使其获得最大程度的满足。

（三）4V 营销理论的特点

1. 4V 营销理论注重培养和构建企业的核心竞争力

企业的核心竞争力是其超越对手的强项，这个强项使得企业占得市场先机，或稳固地占据一定市场份额。核心竞争力主要体现在技术、管理与制度的创新，产品独特性所具有的渗透力与扩展性，以及长期为消费者提供价值观等精神食粮。

4V 营销理论的四个要素围绕着企业核心竞争力展开。差异化重点在企业的创新性，功能化和附加价值强调企业的弹性和独特性，共鸣强调价值观。从营销理论的发展来看，消费者在营销中的作用越来越凸显，从消费者导向到消费者满意再到 4V 营销理论中注重企业与消费者价值观的联通，从物质的需求到精神的需求，这是营销理论质的飞越。

2. 4V 营销理论更看重消费者对品牌的忠诚度和认可度

20 世纪末，美国著名咨询公司盖洛普关于企业成功的"三大法宝"——顾客忠诚度、员工满意度和品牌被引入我国，我国管理学与营销学界由此开启了新认知。4V 营销理论的终极目标是消费者对品牌的忠诚度。

（四）4V 营销理论的操作策略

1. 差异化策略

差异化策略集中在产品、形象和市场差异化上。产品差异化要求企业的产品本身有核心竞争力，生产的产品在功能、质量、服务、技术、外观等方面优于竞争产品。形象差异化在于借助媒体、官网、公关等企业宣传渠道，让消费者对企业产生好感，建立有别于竞争品牌的良好形象。市场差异化主要是指产品销售价格差异、分销渠道差异和售后服务差异等。

在这个追求个性的年代,针对消费者的个性化需求去调整营销方案是必然的。同一种商品,不同消费者的消费出发点可能完全不同。同样是买移动电子设备,有些消费者注重的是实用性,有些消费者注重的是外观,而有些消费者则注重拍照功能、充电时间等。

2. 功能化策略

功能化策略的着力点在于不同消费者的不同需求。对于目标消费者和边缘消费者,区分出他们不同的需求,尤其是基本功能以外的个性化需求。功能化策略的弹性就表现在企业可以采用灵活的营销方式,尽可能满足消费者的不同需求。但是,功能化不代表盲目全面、多样和丰富,制订合理的弹性范围,兼顾企业利润才是最有价值的做法。

3. 附加价值策略

附加价值策略集中在技术创新、附加服务与产品的文化属性三个方面,旨在通过更有竞争力的产品和无形的服务满足消费者更深层次的需求。企业品牌价值和消费者情感的关联是附加价值策略起作用的基础。比如,产品的包装其实是传递企业和品牌价值的重要载体,消费者可以通过包装感知企业的用心,有个性、有创意的包装往往能让消费者对品牌产生好感,进而提高其对品牌的忠诚度。

4. 共鸣策略

共鸣策略的着力点在于营销。在保证产品和服务的基础上,利用有效的营销方法让消费者与企业产生情感方面的关联,满足消费者心理方面的需求,实现产品价值的最大化。

延伸阅读 2-1

农产品"快乐的蛋"4V 营销策略

2016 年,全营养、可生食、无抗蛋类品牌"快乐的蛋"在北京成立。"快乐的蛋"是新鲜的 AA 级鸡蛋,在整个饲养过程中精选不含抗生素和激素的饲料,每一枚鸡蛋都可追溯到生产源头。近年来,"快乐的蛋"已经成为品质生活的象征,在线上线下多个渠道销售。

1. 营销差异化

可生食鸡蛋在国内市场上是一种创新产品,"快乐的蛋"通过非笼养方式和整套系统性过程质量控制技术,提高了蛋鸡健康水平,使鸡蛋达到了可生食的标准。经过欧陆实验室等多家第三方检测机构对饲料、整个生产流程及成品蛋的多点采样,检测结果为 160 项药物无残留、5 项重金属全部"0 检出",真正实现了无抗生素、无药残、无菌、无重金属。这远超国家行业标准。由于其严格的标准,"快乐的蛋"在口味上与其他鸡蛋形成鲜明对比，完全没有异味。鸡蛋的腥臭味是大多数人不喜欢吃鸡蛋的原因，而"快乐的蛋"具有甜美浓郁的蛋香味。同时，鸡蛋煮熟后，蛋黄口感顺滑。

2. 功能弹性化

"快乐的蛋"在品牌创建之初就已确定了目标群体、产品定位与产品细分，把销售目标人群锁定在财务状态良好且对生活品质要求高的家庭群体，这类人群对于品牌鸡蛋的认知程度较高，对价格的敏感度较低，将食品安全、营养、美味作为购买鸡蛋的首要关注点，价格低廉的蛋类产品已不再是这类消费群体的首选。"快乐的蛋"在功能上高度灵活，可以根据消费者的需求提供一系列不同功能的产品。例如，为孕妇和婴儿设计的"DHA鸡蛋"，面向普通消费者的"五星级金牌鸡蛋"、本地鸡蛋、花凤鸡蛋、活力元气鸡蛋等。

3. 创造附加价值

"快乐的蛋"在技术方面做了许多努力，引用了迄今国内唯一获得国家技术鉴定的科技成果A50，引入A50特制的无抗养殖的核心饲料，搭配选种、定制饲料、控制环境、空气灭菌、喷码追溯、封闭存储与运输等一整套系统性过程质量控制技术，在生产全过程中实现无抗养殖，全面保证鸡蛋品质。同时为每一枚鸡蛋制作身份编码，以便于实现消费者对鸡蛋信息全程可追溯。

"快乐的蛋"在包装上选择了4颗表情各异的鸡蛋作为标志，以可爱的元素吸引消费者，并在包装上注明保存方法和破损包赔付等温馨提示，如果出现个别破损的蛋会按比例赔付，如果破损大于30%将会全额赔付。细致的服务既提高了消费者的满意度，又提高了顾客的忠诚度。

4. 共鸣

"快乐的蛋"抓住消费者对于食品安全的关注，理解消费者在购买产品时对于质量安全的情感顾虑，所以在营销方面注重情感营销，将"只做一枚好蛋"的理念传播出去，对消费者保证做好每一枚鸡蛋，让鸡蛋回归食物的本质，做到安全、营养、美味，三者缺一不可。为了保证鸡蛋食品安全，"快乐的蛋"经过了多家第三方检测机构的安全检测，真正实现无抗生素、无菌、无重金属，符合国家及欧盟的标准。

注重与顾客互动，拉近与消费者之间的距离，是品牌营销取得成功的重要一环。"快乐的蛋"在微信、抖音、微博等平台开通官方账号，与消费者互动，通过转发抽奖的形式拉近消费者与品牌之间的距离，通过粉丝与粉丝之间的传播提升品牌认知度。例如，每日转发鸡蛋菜品的制作过程、图片或视频，与消费者进行菜品制作方面的交流，让品牌方与消费者建立日常联系，为后续开展营销活动奠定了良好的受众基础。

（资料来源：李智健，《基于4V理论的蛋类农产品营销策略研究——以"快乐的蛋"为例》，《山西农往》，2021年第8期）

第二节　新媒体时代的整合营销理论

随着新媒体时代的来临，市场发生着剧烈的变化，传统营销理论面临着前所未有的挑战，整合营销理论登上历史舞台。整合营销传播的开展是20世纪90年代市场营销界最为重要的发展，作为实践性极强的理论，其理论成果得到了业界的一致认可。在经济全球化的当今社会，整合营销理论已经成为企业营销的必选项。整合营销理论一经传入我国，就形成了"整合营销热"。直至今日，整合营销理论在营销界的应用都很广泛。

一、整合营销理论与AISAS模型

（一）整合营销理论

诞生于20世纪80年代末的整合营销传播（integrated marketing communication，IMC）理论，最早源于美国西北大学麦迪尔学院实施的一个调查项目。克拉克·凯伍德（Clarke Caywood）、唐·舒尔茨和保罗·王（Paul Wang）三位学者参与了该项目，他们讨论了消费产品广告商所采用的营销策略，并率先将IMC界定为：充分认识并综合运用各种能带来附加价值的传播手段，提供具有良好清晰度、连贯性的信息，从而使传播影响最大化的一种营销传播计划。这一概念从由内而外的视角出发，侧重于营销传播策略的整合。整合营销传播是营销传播计划的新概念，它需要将各种营销模式结合在一起，以提供清晰一致的信息，在最大程度上发挥信息传播的影响力。

美国市场营销协会将整合营销传播定义为：一种用来确保产品、服务、组织的顾客或潜在顾客所接收的所有品牌信息都与此顾客相关，并且随着时间的推移保持一致的计划过程。如果执行得好，这种计划过程可以评估各种传播方式的战略作用，并将这些方式进行无缝整合，以产生清晰、一致且最大化的影响。

整合营销传播的核心思想是将与企业进行市场营销有关的一切传播活动一元化。整合营销传播一方面把广告、促销、公关、直销、包装、新闻报道等一切传播活动都涵盖到营销活动的范围之内，另一方面则使企业能够将统一的传播资讯传达给消费者。

综合各国学者的研究，整合营销传播的概念可以细化为：以消费者为核心，统一运用和协调各种不同的传播手段，以统一的目标和统一的传播形象传递同一个声音，最大程度上实现与消费者的双向沟通，协助品牌建立起与消费者之间的长期关系，实现传播效果的最大化。

（二）AISAS 模型

2005 年，日本电通公司提出了 AISAS 模型以研究网络时代消费者的购买心理与行为特征。这个消费者行为分析模型为：引起消费者注意（attention）→对商品产生兴趣（interest）→消费者主动搜索（search）→完成购买行动（action）→主动分享体验（share）。AISAS 营销模型是指企业通过营销行为先引起消费者注意，然后让消费者对商品产生兴趣，进而主动搜索品牌或产品的其他信息以加深了解，最后消费者自行完成购买行为，并主动把产品使用体验等分享给身边或网络上的人，形成口碑效应。分享并不是 AISAS 模型的结束，消费者的分享可以影响其他潜在的消费者，再一次引起注意，从而形成另一个 AISAS 环。

根据唐·舒尔茨教授的研究，整合营销传播理论具有五大特征，分别是：以消费者为中心、使用各种形式与方法接触消费者、营销传播要素协同发挥作用、和消费者建立关系、影响消费者行为。从这个角度来看，整合营销传播理论与 AISAS 模型的核心思想具有较高的一致性。品牌在进行整合营销传播策划时，可以参考 AISAS 模型，同时整合、统一运用和协调各种不同的网络传播手段，注重 AISAS 模型中的第一步，利用整合营销理论去吸引消费者注意，进而达到企业的营销目的。

二、整合营销理论的要素

整合营销的关键在于"整体大于部分之和"，确保价值创造、传递以及传播的多种手段以最好的方式被采用和结合。整合营销有两大核心主题，一是营销活动多样化可以创造和传递价值；二是没有孤立的单项营销活动，其他营销活动与之有关联，因为整合营销需要考虑整体的传播效果。企业需要制定整合渠道策略，评估不同渠道的互动对产品或品牌的影响。传播活动必须得到整合以强化传播选择并让传播活动互相补充。多种传播方式整合的重点在于与消费者的任何接触都必须传递一致的品牌信息。

在整合营销传播方案的制定过程中，企业或品牌方的主要目标是制定能达到最佳传播效果和效率的传播方案。整合营销的要素有助于真正实现整合的效果。整合营销过程包括四个要素，分别是：接触、多样化、一致性和建立关系。

接触是指营销者使用各种传播形式与方法接触消费者，让消费者对产品或品牌有基本的认知，进而产生好感。简而言之，就是让消费者知道产品或品牌。

多样化是指传播方式的多样化。在传播过程中需要注重每一种传播方式触达消费者的比例，多样的传播方式是否覆盖预计的目标市场，并评估不同传播方式之间的重叠率，以期找到最佳的传播渠道矩阵。不同的营销传播方式有助于丰富品牌营销的价值，实现互补效应。比如，品牌在营销过程中既会注重品牌价值和内涵的传递，又会多渠道营销以增加品牌曝光度。

一致性是指传播信息、意义以及产生共同联想的一致性。达成品牌形象的一致性和凝聚力是传播一致性最终的目标。在整合营销过程中，传播的信息对某些消费者是新的，而对另一些消费者可能是旧的。传播一致性要求营销对不同类型的消费者都应该是有效的。

建立关系是指营销者和消费者建立关系，并最终影响消费者行为。通过与消费者的接触和多样化的传播方式，传递一致的品牌价值和意义，最终与消费者建立长期关系，提高消费者的忠诚度，实现企业最终的营销目的。

三、整合营销理论的特点

（一）整合营销更加关注消费者的"网络原住民"属性

随着媒介技术的发展，作为"网络原住民"和"网络移民"的消费者与其他任何时代的消费者相比，都存在显著的不同。消费者日常的生活变化使得整合营销理论也经历了颠覆性的发展。虽然在网络媒体时代，整合营销的要素没有变化，但具体营销策略却在改变。消费者日常生活的碎片化趋势日益明显，移动终端已经成为人们生活的延伸。营销策略也要跟随碎片化趋势相应地进行调整和改变。吸引消费者碎片化的注意力，需要凸显产品性能和焦点。

同时，传统媒体的广告优势逐渐减弱，取而代之的是代表个性化的新媒体广告的繁荣。消费者变得多样化和分散化，并且这种分化又面临着新的分化和改变。比起传统媒体时代的消费者，新生代网民更加主动、积极地接触新事物，他们更喜欢个性化的展示，喜欢分享和社交，喜欢和拥有共同价值观的人沟通交流，因此也对同类人群具有更大的影响力。一方面，消费者可以通过互联网平台更多地了解产品和品牌，也能表达自我的意见，沟通变得便捷有效；另一方面，营销者能根据消费者的评价制定更有针对性的营销方案，在线互动交流，提高消费者对品牌方的接受度，同时更容易形成口碑效应。

（二）依托互联网和新媒体，整合营销的传播手段更丰富多样

基于互联网庞大的信息量以及强大的交互作用，品牌方和消费者之间可以进行实时交流。根据对广告商高层的年度调查和采访，不难发现移动端互联网已从广告商眼中的新媒体角色逐渐演变为基础性角色，便捷的互联网移动端广告能够起到连接和整合多种媒体的核心作用。互联网已经成为整合营销传播的统筹者。

整合营销是企业营销发展的必然结果，而在这个信息技术高度发达的时代，整合营

销更加受到企业的欢迎。新媒体的出现为整合营销带来发展方面的便利和传播方面的优势，传统的整合营销模式在当前社会已经显示出一定的落后性，必须结合新媒体发展的特点再加上创意优化才能使整合营销重新焕发生机，从而进一步推动企业形象的树立，满足消费者的消费需求。新媒体平台可以产生良好的双向互动效果，品牌传播、品牌构建更加精准，利用多媒体、多渠道强化传播效果，增强客户的体验效果。

新媒体技术的应用将会进一步强化与消费者的互动性，可以获取更加优良的传播效果。新媒体营销传播过程中，口碑营销也逐渐发展成为营销传播结构中至关重要的环节，无论是形象营销，还是公众传播、数据库营销，相互之间均存在十分紧密的关联，而非各自独立。新媒体通过多媒体渠道，利用丰富的内容表达形式，将企业的亮点直观地展示出来。表现力强是新媒体的典型特征，通过强化信息传播的广度和深度，让客户能够感受到其冲击力，吸引客户点击相关内容，这相较于传统媒体具有更好的多渠道传播效果。当客户与新媒体进行互动时，其自身参与全过程，这也是新媒体所具备的突出优势，是未来新媒体发展的新趋势。新时代背景下，必须通过一些新模式吸引消费者的兴趣，比如设计小游戏、社交聊天等形式，使客户参与其中，在体验过程中充分了解企业的基本信息，如此一来，新媒体传播效果将会得到显著改善。

四、整合营销理论的操作策略

进入新媒体时代，整合营销更加注重怎么让消费者知道、怎么让消费者亲近、怎么让消费者产生好感以及怎么让消费者忠诚。因此，整合营销的操作策略更围绕消费者本身展开。

（一）以消费者为中心，使用各种方法和消费者接触

整合营销传播理论的核心是以消费者需要的价值为中心，它需要考虑受众对产品信息可能感兴趣的领域，并对信息予以编码，设计一套传播路径。在整个传播过程中，消费者既是营销传播的起点，亦是最终目标。唐·舒尔茨强调，整合营销传播的目的是能够影响甚至改变用户对象的行为，而这就需要在洞悉消费者多样性需求和媒介技术变革的基础上，把消费者的利益置于各种传播渠道和各类重大程序之上，进而实现产品的生产、处理加工以及对外传播。

整合营销理论彻底改变了传统营销理论从企业或品牌方出发的模式，转而从消费者出发，以其为中心扩散至所有营销环节。企业营销把消费者的实际需求作为基础，才能设计出令消费者满意的整合营销方案。当方案所有的营销环节实现有效融合，企业的好口碑等就自然根植于消费者内心。因此，以消费者为中心，使用各种方法和消费者接触，

引起消费者注意，让消费者知道企业或品牌成为整合营销操作的第一步，也是最关键的一步。

2019年的动画电影《哪吒之魔童降世》（以下简称《哪吒》），其出色的整合营销使得影片成为当时中国电影市场上第二个票房突破50亿元大关的电影作品。在电影上映之前，《哪吒》的预告片并没有引起太大的反响，于是出品方在电影正式上映前开放了点映。这一策略对优质的影片能起到好的积累口碑的效果。这也是电影宣发中较为常见的策略，其核心就在吸引消费者的注意力。当口碑转化成票房，"国漫之光""我命由我不由天"等话题持续成为网络热点。

（二）整合媒介资源和传播信息，和消费者建立关系

整合包括产品信息的整合、传播媒介渠道和资源的整合、传播信息的整合、传播效果和反馈的整合等。整合的一致性决定了从营销一开始，所有的信息就应该是自洽的。整合营销理论的落点就在整合和统一上。建立在从消费者需求出发基础上的整合营销，重点在融合一切营销形式的媒介资源，同时统一企业需要传播的信息，最终满足消费者的物质和心理需求，从而实现消费转化，并使消费者主动分享。在这个过程中，企业营销的成本降低，企业形象的建构和价值的传递是由企业和消费者共同完成的。

在几乎所有的营销行为都是在互联网的背景之下，整合营销传播效果最大化依托于传统媒体资源和新媒体资源的整合。媒介资源整合的关键在于选择合适的渠道和传播途径，同时选择最有效的传播主题、时间和地点，最终实现"一种声音、一种形象、一种表达"的效果。

在媒介资源中，传统的报纸、杂志、电视、广播、户外媒介等失去其原有的营销渠道统治地位，微型博客平台、短视频社交媒体、社交电商平台等新媒体平台在营销中越来越被企业和品牌青睐。

整合媒介资源在当下的营销行为中已经成为常态，最终目的是通过媒介信息和消费者建立关系，进而使其产生消费行为，实现消费转化。媒介信息的持续输出有利于增强消费者的黏性，促使消费者主动分享，从而形成新的营销起点。

本章小结

在过去的几十年里，市场营销领域发生了巨大的变化。传统营销理论从4P到4V的发展是营销理论不断进阶的过程。不同的营销理念侧重点有所不同，从目标市场选择、企业战略、市场细分、消费者注意力、产品定位、差异化、关联到消费者关系管理，不

一而足。营销要素也越来越具有时代特征。从营销理论发展的路径看，营销的战略功能在不断的变化中越来越凸显，逐渐成为企业和品牌发展的重点步骤和核心环节。营销已然上升到战略层面，帮助企业和品牌找到消费者，留住消费者，绑定消费者，最终实现盈利。营销理论数十年的发展也是消费者价值前移的过程：从看到消费者到以消费者为中心，到注重消费者的内在价值观，再到消费者主动参与营销过程。企业、品牌与消费者之间已经形成了共生的关系，渠道交互已经成为共识。

整合营销理论在不同的维度上打开了营销新思路。如果说传统营销理论更多在产品和消费者的维度上去深入，那么整合营销理论就着力在整合营销生态圈。通过传播信息整合、媒介资源整合、企业资源整合，整合营销把单一的营销行为变成了多方合力的精准营销。于是从与消费者接触开始，到消费行为发生，乃至消费者重复购买，这一切都在整合营销生态圈中实现，在某种程度上来说实现了营销升级。

第三章

全媒体营销的特色阐释

学习目标

掌握数字营销、移动营销、互动营销与娱乐营销的基本概念；了解数字营销的特征与趋势；知晓移动营销的成功基础，互动营销与娱乐营销的创新思维；熟悉数字营销、移动营销、互动营销与娱乐营销的典型应用。

关键术语

数字营销；移动营销；互动营销；娱乐营销

第一节 数字化与全媒体营销

数字化是全媒体时代的一大特征。可以说，现代营销已经进入数字化时代，企业品牌管理的机会和渠道都跃升到了一个新的层次。数字化环境下的品牌，拥有能够使其被大众理解的独特方式，其有效的品牌策略和品牌沟通方式也变得丰富起来。数字化，特别是社交媒体，已经深刻地改变了人们的日常行为，成为人们日常生活不可或缺的一部分，也深刻改变着企业开展品牌营销的方式。

一、数字营销概述

（一）基本概念

早在 2000 年，加拿大学者比尔·毕晓普（Bill Bishop）在其《数字时代的战略营销》一书中就对数字化有了研究。比尔·毕晓普着眼数字营销环境，提出了数字营销战略模式，展示开发数字营销战略的过程，以及如何启动数字营销计划并测评计划的有效性。其数字营销模式包含 6 个步骤。第一步，建立客户数据库。围绕数字和传统的营销工具收集客户的相关信息并将这些数据输入到一个关系数据库中，围绕数据库建立的环境被称为数字领域。第二步，细分客户。把客户数据库按照不同特征进行细分。第三步，开发独特的产品和服务。开发有创意的数字产品和服务，提供给每个细分客户。第四步，开发独特的数字促销方法。第五步，使用数字和在线手段进行沟通。第六步，扩展数字领域。当客户数据库内容增加时，数字领域同时也要扩展。

相关研究对数字化的理解往往建立在互联网诞生的基础之上。因此，数字营销是以互联网技术和数字化技术为基础，通过数字生活空间将文字、声音、图像、视频等数字化信息传递给目标消费者，并与消费者互动、建立良好关系的过程。数字营销是基于明确的数据库对象，通过数字化多媒体渠道，比如电话、短信、邮件、电子传真、网络平台等数字化媒体通道，实现营销精准化和营销效果可量化、数据化的一种高层次营销活动。数字化的概念包含两个层面：第一个层面是技术逻辑的层面，数字技术把人与物的各种信息变成数字信号或数字编码，通过各种程序进行处理，并伴随和推动互联网、物联网等的发展，逐渐进入数据化与智能化等更高的阶段。第二个层面就是数字技术带来的社会影响和产业变革，其中最重要的是生活方式和生产方式的变革。

（二）数字营销现状

随着媒体数字化步伐的加快，越来越多的数字新媒体兴起，改变了原有的传统营销格局。互联网媒体、广电数字新媒体、通信新媒体、户外新媒体等为营销和广告带来了新的平台和呈现形式，各种媒体应用为营销者提供了新的使用工具和手段。这些变化推动了营销与广告表现形式、投放行为、工具运用的改变以及知识体系的更新等。

二、数字营销的典型特征

（一）更全面的精准营销

数字营销的第一个典型特征就在于更全面的精准营销。精准营销基于庞大的大数据信息，包括消费者的特征和需求、产品和广告接触消费者的方式等。

早在数字营销的概念提出之前，对消费者的调查和对消费者信息的管理已经是比较普遍的营销方式。进入互联网时代，数字营销更加便捷，可以通过网页搜索、手机定位、电子邮件订阅、社交媒体跟踪等更丰富的途径获取消费者的信息和数据。数字广告营销的精准度可以达到在合适的时间、合适的地方以合适的方式传播给合适的消费者。同时，精准营销还具备用户定向能力，可以为企业和品牌方提供多平台或跨平台的营销方案，涉及新媒体、社交媒体、传统媒体、户外广告、现场活动等渠道，为产品信息抵达消费者提供丰富而全面的机会。比如，消费者近期浏览或购买过某一种日用品，这一数据很快会进入营销环节，其常用的新媒体平台中就会出现相似的广告内容。

（二）更优质的消费体验

消费者接触的数字营销往往是比较有趣或新奇的，有趣的营销更能吸引消费者的注意力。传统的营销或广告大多是侵入式，消费者喜欢或不喜欢都是被动接受，这有可能会起到反效果，而好的数字营销通过搜索点击等让消费者主动观看其感兴趣的营销内容。当今的消费者不仅仅关注产品的基本功能和价格，也关注企业服务和产品带来的体验，因此，数字营销会更注重优质的消费体验，这也是消费者更愿意接受这类营销的原因。

所以，数字化时代的企业除了要坚持提供优质的产品之外，"还需要诉诸消费者的5种感官，还需要触动人们的情感以及打动人们的心灵。它们需要把品牌和消费者关心的事联系起来，从而融入消费者的日常生活。"

（三）更多元的传播方式

当前，数字营销的市场越来越向多元化发展。一方面是消费者需求的多元化，另一方面是营销广告即传播方式的多元化发展，媒体平台在垂直发展的同时，企业和广告主们也在细分市场中竞争求生。

相比传统广告过分依赖文字、图片或影像，数字广告还可以通过游戏、互动、情景植入、群体讨论等方式传递信息，并能选择性接触刚刚通过网络对同类事物显示出兴趣的消费者，传播方式更为生动、丰富和新鲜，更能引起消费者的关注。

三、数字营销的趋势

（一）程序化

营销行为大规模、低成本的复制是数字营销获得市场的关键。因此，程序化必然成为数字营销的趋势之一。

互联网时代的一大特征是信息爆炸，庞杂而琐碎的数字信息造就的营销环境往往让企业和品牌方力不从心。数字营销的程序化利用大数据分析消费者的海量数据，从而把目标消费者分门别类，然后在进行广告投放时使用定向技术实现精准营销，达到最好的传播和营销效果。

（二）智能化

大数据的重要性已经在各个领域里不断被证明，其中也包括营销领域。数字营销越来越规模化和精准化，创新与变革正在上演。数字营销在持续升级迭代，智能化已经不仅仅是趋势，更成为数字领域的生态。从数据的采集、分析和挖掘，到数据自动化和智能化，企业和品牌方未来的广告投放会根据点击率、浏览量、访问量、转化率等数据指标来完成。

（三）融合化

随着"互联网+"模式的普及，数字营销的另一个典型趋势也越来越明显，那就是融合化。一方面，数字营销在内容上加速创新，打造品牌的差异化。另一方面，因互联网生态而逐渐改变的消费者意识和消费行为使得营销活动产生了巨大的变化。技术的发展把传统的反馈推向前端，跨界思维在数字营销领域越来越呈现出优势。

第二节　移动化与全媒体营销

近30年来，移动互联网在我国快速发展，我国网民规模已经超过10亿。互联网就像一张无形的网连接着网民生活的方方面面。当网络进入4G之后，移动端开始逐渐兴起，并深入生活的各个角落，消费也开始从线下和PC端转移到移动端。移动终端是指可以在移动中使用的计算机设备，广义地讲包括手机、笔记本电脑、POS机甚至车载计算机。大多数时候移动终端就是手机和平板电脑。人们越来越离不开移动网络，利用手机娱乐和消费、利用手机App社交等已成为常态。

一、移动营销概述

（一）基本概念

移动化是全媒体时代的重要特征之一，移动营销这种新的营销方式应运而生。移动营销是指面向移动终端用户，在移动终端上直接定位目标受众并精确地传递个性化即时信息，通过与消费者的信息互动达到市场营销目的的行为。

从概念上看，移动营销基于网络才能实现。移动营销通过信息传递、产品推荐、用户互动、广告推广等方式向目标用户传递个性化信息，及时满足用户需求，从而达到宣传产品、树立品牌形象、建立与维护客户关系等目标。移动营销的目的很简单，就是开展主动、精准的营销，从而强化企业的营销效果，降低营销成本。

（二）移动营销的特点

相较于其他形式的营销，移动营销有着显著的特点，表现在以下两个方面。

1. 私密性和精准化

移动营销的基础是互联网，如今互联网关于大数据的研究和应用可以实现精准的营销推送。比如，朋友圈广告可以按指定的地点、人群、性别、年龄、兴趣爱好来进行匹配投放，让广告投放更加准确，真正将广告推送到潜在消费者的朋友圈内。

2. 高度的便携性和黏性

移动端随时、随地和随身的特性使得移动营销具有高度的便携性和黏性。移动端是基于位置服务的，也就是我们常说的 LBS（location based service）。因此，移动营销可以准确定位，能找到最有需求的用户，使之成为具有黏性的消费者。

二、移动营销的成功基础

（一）大数据背景下的算法思维

在市场营销领域，营销理论发生着深刻的变革，尤其是进入到大数据时代之后，营销的平台在发生改变，移动端成为营销主战场。算法是指为了解决某个特定问题而采用的确定且有效的步骤，它是一系列解决问题的清晰指令，算法代表着用系统的方法描述解决问题的策略机制。算法思维是移动营销的基础，也是移动营销取得成功的重要保障。

（二）粉丝忠诚度打造

粉丝（fans）是指对某个名人、团体、品牌或事物非常喜爱且支持的人群。在移动互联网时代，消费者和用户应该被粉丝所取代。粉丝是企业和品牌站稳市场、赢得市场份额的基础。粉丝已经成为消费的主力军，粉丝的数量和忠诚度直接影响着品牌的美誉度和号召力。打造忠诚的粉丝能为品牌带来庞大的市场。

1. 优质的营销内容

打造粉丝的忠诚度，首先要把焦点放在优质的营销内容上。移动营销的精准化和个性化是先决条件。优质的内容很容易让消费者产生好感，稳定好看的内容有助于将消费者转化成粉丝。这里的优质集中表现为内容的时效性和趣味性。结合当下热点事件或话题，兼具趣味性的品牌内容更容易获得关注。企业要在内容呈现中体现品牌的文化、定位和核心价值观，让消费者产生认同感，进而成为品牌的粉丝。

2. 精细化管理粉丝

粉丝有着鲜明的群体特征。粉丝完成消费后更倾向于向周围的人或粉丝群体分享，这更容易促成新的消费以及再次消费。可以把这样的粉丝聚拢到一起，成为社群，打造高黏度的粉丝群体。近几年许多牢牢占据自媒体市场的企业都是从社群入手的。比如，自媒体"罗辑思维"就是向社群的粉丝出售知识服务而发展壮大的。社群建立之后要注意精细化管理，鉴别"真粉"和"假粉"，同时找准粉丝的核心需求。比如，厦门十点文化传播有限公司运营的"十点读书会"就精准地抓住了爱读书的粉丝想要阅读和分享的需求，其社群旨在关注每一个成员的阅读量和阅读力，潜移默化地促使大家互相监督、共同进步。

3. 线上、线下活动增强体验感

线上、线下活动也是增加粉丝量和互动的好方法。对于粉丝而言，参与感是加深其品牌认同感的重要环节，只有参与其中才能更好地体验。

（三）内容营销

当今社会可以说是内容为王的时代。内容营销是一种战略性的营销方式，专注于创建和分发有价值的、相关且持续一致的内容，以吸引和留住明确定义的受众，并最终推动有利可图的客户行为。内容营销不仅是一种营销方式，更是一种思维方式。内容营销通过对用户有吸引力、有价值的内容来获取流量，并提升与目标用户的沟通效率，与用户建立信任，从而提升消费转化，促进销售，打造品牌。在这个过程中，企业提供内容供用户自主获取使用，能有效降低服务成本。

第三节　互动化与全媒体营销

一、互动营销概述

随着大数据时代的到来，网络逐渐走入了人们的生活，它改变了人们的生产、生活方式，也影响了企业的营销模式。随着市场竞争越发激烈，基于网络的互动营销得到了越来越多企业的认可和使用。

（一）基本概念

从社交平台的崛起到大数据和云计算的广泛应用，从移动互联网来势汹汹到万物皆联网，技术的进步不断推动商业环境和规则的改变，新的热点不断出现。互动营销并非

新事物，互联网使得人与人、人与产品、人与信息可以实现高效联接，营销的每个环节都可以用数据来说话，并在联接中实现消费者的参与和企业的动态改进。可以说，互动营销是伴随着互联网产生的。菲利普·科特勒在《市场营销学》中指出，网络营销是通过网络，使用企业网站、在线广告和促销、电子邮件营销、在线视频、博客等营销产品、服务或者建立顾客关系的行为。网络平台作为营销的渠道和方式催生了其他营销模式。当营销者重视如何让消费者参与到营销活动中时，互动营销就应运而生了。

互动，顾名思义，是指双方的交流和沟通。互动营销就是企业和消费者双方都采取一种共同的行为，以达到互助推广、营销的效果。互动营销以大数据挖掘用户需求、分析记录用户网络行为为技术支撑，借助网络平台与消费者进行持久有效的互动沟通，鼓励并吸引用户参与产品生产、设计、宣传、销售等各个环节，是一种综合性的营销活动。

新媒体时代，用户与品牌的关系被重新定义，用户的主动性与话语权进一步增强，互动营销一直被行业内外热议。在全媒体营销的背景下，互动营销首先要厘清互动的主体、互动如何实现以及互动的效果。互动的主体涉及营销者和消费者。互动如何实现涉及互动的平台、方式与内容创意。互动的效果涉及最终营销的转化。因此，从操作层面来讲，互动营销可以定义为通过策划内容话题等搭建营销者与消费者之间的交流平台，引导消费者参与从而实现有效沟通，让企业最终实现产品销售的一种营销手段。

（二）AR、VR、H5、5G 与互动营销

1. AR

AR 是 augmented reality 的简称，中文译为增强现实。AR 技术是一种将虚拟信息与真实世界巧妙融合的技术，广泛运用了多媒体、三维建模、实时跟踪及注册、智能交互、传感等多种技术手段，将计算机生成的文字、图像、三维模型、音乐、视频等虚拟信息模拟仿真后，应用到真实世界中，两种信息互为补充，从而实现对真实世界的"增强"。这种技术的目标是在屏幕上把虚拟世界套在现实世界并进行互动。

AR 广告可以帮助消费者在购物时更直观地判断某商品是否适合自己，以作出更满意的选择。瑞典家居品牌宜家就推出了一款名叫"IKEA Place"的应用程序。该 App 将 AR 技术与宜家的家具目录相结合，用户打开程序里的摄像头，就可以扫描家中可以放置家具的地方，搭配程序中的家具，可以看到不同的效果。AR 的使用很好地满足了用户线上购物的需求。

2. VR

VR 是 virtual reality 的简称，中文译为虚拟现实。VR 技术是一种可以创建和体验虚拟世界的计算机仿真系统，它利用计算机生成模拟环境，是一种多源信息融合的、交互式的三维动态视景和实体行为的系统仿真，它能使用户沉浸到该环境中。品牌可以通过

VR体验的方式让顾客充分体验产品并亲自进行操作，这种"真实"的体验能够让顾客充分了解产品的各方面性能，并决定哪款产品真正适合自己，甚至可以当场作出购买决定。

3. H5

H5是HTML5的简称，是一种高级网页技术。HTML全称为hyper text markup language，中文译为超文本标记语言。H5广告就是利用HTML5编码技术来实现的一种数字广告，目前来说，其主要传播途径为手机、平板电脑、数字电视等。

4. 5G

2018年12月28日，我国第一个基于5G技术的国家级新媒体平台在中央广播电视总台开建。2019年6月6日，5G商用牌照正式发放，这意味着5G时代已然来临。在5G时代，各行各业都迎来新的发展机遇，新媒体行业依托互联网而生，5G技术的普及将不可避免地为新媒体行业带来新的生命力。

2023年3月2日，中国互联网络信息中心（CNNIC）在京发布第51次《中国互联网络发展状况统计报告》（以下简称《报告》）。《报告》显示，截至2022年12月，我国移动网络保持5G建设全球领先，已累计建成并开通5G基站231.2万个，总量占全球60%以上。我国网民用网环境持续改善，用网体验不断提升，信息无障碍服务日趋完善，5G快速融入千行百业、呈现千姿百态，推动互联网从接入普及向高质量发展迈进。

5G对于新媒体行业而言，最大的特点在于超高速、低时延、移动性强、大容量、流量密度大，这意味着移动互联网的结构可能会发生根本性的变化，万物互联成为可能。5G在信息传播领域带来的改变可能涉及传播链条上的所有环节，传统意义上的传播者、受众、渠道、内容甚至形态都可能发生变化。5G将成为真正意义上的融合网络，人与人的联接、人与物的联接、物与物的联接将会是5G时代的基本认知。

（三）互动营销的四个准则

1. 网络平台选择和目标群体的吻合性

开展互动营销活动时，要清楚了解互动营销的目标群体，然后通过目标群体选择合适的网络平台。

2. 用户参与互动的便捷性

互动营销的核心在互动，其最大的特点是打破了传统由企业向顾客单向传播输出的方式，改为企业与顾客之间双向交互式的沟通传播。不仅企业可以向顾客传递营销信息，顾客也可以成为主动创造者，一边对营销活动进行反馈，一边向企业直接传递自己内心的真实诉求，甚至创造出有共鸣的热点话题。

互动营销要从消费者需求出发，让消费者参与到营销过程中，让他们共同参与产品的生产、设计。这种互动会激发消费者的创作欲望，既能完美贴合消费者需求，还能产生让人耳目一新的营销效果。

3. 多个平台联动

不同平台消费者的定位不同，因此打造多平台或多渠道矩阵，有助于取得更好的互动交流效果，促进互动营销的顺利开展。

4. 社交性

网络平台中经常与朋友进行分享讨论的顾客，会有更强烈的参与企业互动的意愿，这种分享参与代表着顾客的社交需求。

互动需要借助一定的媒介才能更好地展开，网络社交媒体就成为了不可或缺的平台。社交媒体是一种允许个人和组织创建和交换生产内容的互联网社会组织形式，它能够建立、连接、扩展和整合关系网络，从而扩展互动营销的社交特征，满足消费者的分享、交往等需求。

二、互动营销的创新思维

（一）社交思维

在互联网背景下，新媒体运营离不开社交思维，尤其是新媒体用户运营。用户运营的核心在于让用户具有较强的黏性，而黏性就是强关联，因此具备社交思维是用户运营创新的关键所在。社交思维依托于社交媒体的兴起，在微信等社交媒体上最容易发生社交货币的流通，也就是所谓的转发分享，传播的关键点就在于增加内容的社交属性，主要体现在促成用户分享和提升用户体验两个方面。

1. 促成用户分享

用户主动分享的内容往往需要具备足够的社交属性，比如提供谈资、提升用户自我形象、帮助表达或者帮助他人等。热点话题和新闻、新的看待问题的角度、体现身份和群体归属的信息、情感表达、有利于塑造用户自我形象的内容等都是便于操作的新媒体营销技巧。在运营内容质量有保证的前提下，好的社交属性会大大提高营销内容被分享的概率。

2019年春节的营销爆款非短片《啥是佩奇》莫属。《啥是佩奇》是动画电影《小猪佩奇过大年》的营销短片，片长只有5分39秒，内容讲述农村山区的老人为了给城市里的孙子准备过年礼物，用家用鼓风机自制了一个小猪佩奇的故事。短片中小猪佩奇的元素随处可见，这个IP通过前期积累，已经有非常广泛的受众基础。而春节作为中国人最看重的传统节日，亲情、团圆、生肖话题在这段时间都是热点。《啥是佩奇》让两个大IP碰撞出了中国人的情感纽带。受众愿意转发是因为该故事能够激发其情感共鸣，正是这种情感共鸣使得该片的传播有了"裂变"的动力。转发分享该视频能够表达异乡游子对家乡、对亲人的思念，体现中国传统的家文化和孝文化，丰富自己的"朋友圈形象"。正是在这种情感的驱使下，用户主动转发该短片，客观上成为电影宣传的主力军。通过短片《啥是佩奇》，电影的用户营销在新媒体平台爆发出了巨大的传播能量，虽然电影口碑不佳，但营销的成功使电影最终取得了不错的票房。

2. 提升用户体验

社交思维在新媒体用户运营上的另一个应用就是提升用户体验。有人说，4G 改变生活，5G 改变社会。5G 的性能特点决定了一个真正意义上的融合网络将会全面实现，社交思维的作用也会因此而愈发凸显。5G 使得从前不敢想象的体验成为现实，彻底颠覆了时空的阻隔，深刻地改变着人们接受信息的体验和生活娱乐的方式。5G 网络的信息传输能力相较以前有大幅度提升。在 5G 技术的支撑下，虚拟现实走进普通用户生活的进程会加快。用户体验不会只停留在线下体验店的模式，线上体验也不再只是推荐官的表述，而是用户的自我体验感知。可以说，新媒体未来的重点不再仅仅是内容和传播，还包括了数据和用户体验。

（二）交互思维

在新媒体运营中，渠道运营的重点在于建立新媒体渠道矩阵。互联网运营初期，新媒体运营人员只做微博运营，然后有了微信，"双微"成为标配。2018 年抖音崛起，"双微一抖"又成为运营常态。2020 年，直播营销崭露头角，哔哩哔哩（以下简称 B 站）在五四青年节成功"出圈"。如今已然形成了"双微一抖 + B 站 + 直播"的运营格局，基本可见新媒体运营的渠道全生态。渠道运营创新的关键在于交互思维，传统媒体渠道和新媒体渠道交互，品牌、产品在两大类渠道交互，也就是我们常说的"出圈"。

比如，政务机构号"我们的太空"在知乎"出圈"。"我们的太空"2019 年 9 月入驻知乎，简介是"太空不再高冷，知乎走近你我"。该号目前已有 3 600 多篇文章，270 多个回答，近 200 万的关注者。"我们的太空"以播撒航天知识、弘扬航天精神、传播航天文化为主要目标，在知乎实现了专业航天内容的"出圈"。他们为知乎提供了更多专业内容和权威信息，知乎也让他们更准确、高效地向外传播观点和价值，甚至贡献了"谢邀，人在太空，刚下飞船"等热搜和网络流行语的范本，这是一场双赢合作。不仅如此，东风快递、人民海军、最高人民检察院等政务媒体机构，新华社、人民网、央视网等中央媒体，也陆续入驻知乎、抖音等新媒体平台。

（三）热点思维

新媒体运营离不开活动运营，而活动不能仅仅满足于促销打折，活动运营创新的关键在于与时代同步，更微观的就是与今天同步，也就是所谓的热点思维。热点指的是广大群众比较关注的新闻或信息，或指一个时期内引人注目的地方或问题，它天然具有联接力。活动运营创新要善于捕捉热点，也要善于制造热点。

捕捉热点已经成为新媒体营销领域的必选项。热点又分为两大类：一类是突发性热点，运营的关键在于迅速反应与创意，当然还有和品牌的关联度；另一类是可预知的热点，运营需要提前策划，预设话题和参与度。比如，2019年国庆节前夕，腾讯新闻客户端就策划了"迎国庆，换新颜"的活动营销，用户参与度极高。通过腾讯新闻的一个链接，用户就可以把微信的头像加上国旗的样式。大家都在朋友圈发"请给我一面国旗@微信官方"，该活动迅速在朋友圈刷屏。2020年上半年以来，直播购物有效地刺激了消费，而近年的关键词"精准扶贫"与直播的碰撞使得"扶贫直播，爱心助农"的一系列活动营销成为热点。

用活动来制造热点是热点思维的另一种运用。好的事件营销和跨界营销往往能起到制造热点的效果。近年来，许多传统品牌都在致力于转型塑造新形象，常用的手段就是跨界联名，推出以新制造为代表的新国货，在概念上用民族情结的纽带关联用户。比如故宫的彩妆、大白兔奶糖沐浴乳、马应龙口红、泸州老窖香水等，都受到大众的青睐，"国潮"成为新潮流，甚至"守得住经典，当得了网红"已经成为一些传统品牌的营销座右铭。

另外，平台的推荐也能推动热点的产生。比如，某些评分不高、情节普通的电视剧在平台的极力推荐之下，用户会不断刷到该电视剧的相关内容，由此形成热烈的评论互动，从而吸引越来越多的用户去观看、评论，形成平台热点。因此，热点思维不仅是营销的基本思路，也是具体的操作路径。

典型案例 3-1

淘宝"星秀猫"的沉浸式互动广告

从IMAX电影院到迪士尼乐园，从虚拟现实游戏到数字艺术展览，时下的消费体验已经越来越趋于"沉浸"。新媒体时代，技术的进步和媒介的融合使沉浸式空间广告成为现实。淘宝运用AR虚拟技术打造出三种不同类型的3D猫咪"仿品"，它们在现实生活中的原型是用户最喜爱的三种猫咪：橘猫、蓝猫和布偶猫。淘宝通过叙事赋予每只猫咪自身的性格特点，根据性格利用虚拟技术为它们设计相符的拟人化服装，让用户在视觉和操作上得到最真实的体验感。广告页面除了有3D的"星秀猫"模型，还配有大舞台以及绚丽的灯光效果，通过空间的搭建和色彩的搭配让用户更加投入，用户进入叙事空间时会不由自主地将"星秀猫"当作真实的宠物。

不同于空间沉浸所带来的视觉感受，时间沉浸更注重故事情节的发展。淘宝"星秀猫"的三只猫咪拥有不一样的故事情节，说唱猫的故事线是：球场奇遇→地下主场→放弃的边缘→作品爆红→全国大赛→厂牌主理人→猫晚的邀请；舞蹈猫的故事线是：奢侈的爱好→重拾舞蹈→伴舞邀请→星探邀请→出国深造→我是训练生→出道失利→街头奇遇→慰问演出→新晋 UP 主→重回舞台→猫晚的邀请；歌手猫的故事线是：天赋初显→音乐日常→小区演唱会→网红养成→喵生理想→组建乐队→秘密基地→小有名气→乐队危机→难遇伯乐→全国大赛→猫晚的邀请。每一个故事情节都伴随着悬念，在揭晓悬念过程中的不确定心理促使用户更加积极地探索下一关。故事设计的规律大都是先发现自己的天赋，然后取得小型的成功，之后遇到挫折，最后战胜挫折取得更大的成功。这种并非一帆风顺、经过努力才能成功的故事情节让用户在陪伴猫咪成长的过程中也获得了成就感。

淘宝"星秀猫"的广告除了将猫咪拟人化，还赋予了每只猫咪自己的明星故事以吸引用户投入其中。在这种情境下的沉浸式体验使用户从一级培养至五十一级需要花费较长时间，部分用户想要帮助猫咪快速完成梦想，会选择每天线上浏览会场做任务从而获得喵币。动人的故事让用户投入自己的情感和时间，从而更主动地投入到广告所打造的沉浸式体验中。

"星秀猫"的游戏模式为领养猫咪→做任务→获得喵币→升级猫咪→兑换红包。其中一项主要的红包来源是与其他用户的猫咪进行人气 PK，在比拼人气期间可以邀请其他养猫用户助阵增加人气值，最终在规定时间内人气值高的一方获得胜利，并且队伍将赢得大额现金红包以及大量喵币。丰厚的奖励以及简单的游戏模式灵活地将奖励机制传导给用户，紧张刺激的线上 PK 以及拉人助阵的互动环节诱使大量的用户加入这场游戏。

淘宝"星秀猫"利用数字化空间和情感叙事为用户营造沉浸效果，特殊的游戏互动机制和互联网交互关系将沉浸与互动从对立推向融合。

（资料来源：毛玉雯，《淘宝"星秀猫"的沉浸式互动广告研究》，《视听》，2021 年第 7 期）

第四节　娱乐化与全媒体营销

麦当劳前总裁查理·贝尔（Charlie Bell）曾说："切记，我们不属于餐饮业，我们是娱乐业。"麦当劳的经营目标并未停留在解决吃饱问题的层面，而是要让顾客吃得开心。米切尔·J.沃尔夫（Michael J. Wolf）在《娱乐经济：传媒力量优化生活》一书中指出：销售的关键是刺激、诱导、娱乐并提供信息给消费者。著名未来学家约翰·奈斯比特（John Naisbitt）在其代表著作《大趋势》里写道："想卖东西，首先你必须让人家高兴。"如今娱乐已成为日常生活中必不可少的因素，娱乐业渗透到全球各行各业，没有谁可以离开娱乐谈营销、谈发展。

一、娱乐营销的内涵

将娱乐因素与产品的营销活动相结合就是娱乐营销。它利用人们日益增长的精神消费需求，将娱乐因素融入产品或服务，通过各种各样的活动形式与消费者实现情感和心灵的互动，为产品或企业提升知名度和认可度，从而促进产品或服务取得良好的市场表现。

娱乐营销借助媒体手段和娱乐活动，让消费者对产品产生感性认识，直至与产品建立情感联系，进而使消费者愉快地接受产品。其本质是用感性营销的手段取代理性说服的手段，以现代技术手段取代传统营销手段，从而达到推销产品的目的。

娱乐营销包含三个要素：产品、媒体和消费者。当企业或品牌方决定采用娱乐的方式进行营销时，首先必须确保产品的类型与愉悦的氛围相契合。实现娱乐营销的载体是承载宣传内容的一切媒介。娱乐营销的对象是目标消费者和潜在消费者。在娱乐元素无处不在的当下，消费者更容易接受包裹着娱乐外衣的产品营销。

二、娱乐营销的五大主体

品牌、内容、渠道、名人和粉丝通常被认为是娱乐营销的五大主体。

品牌是娱乐营销的出发点，菲利普·科特勒在《市场营销学》中把品牌定义为销售者向购买者长期提供的一组特定的特点、利益和服务。当企业成为品牌，必然会带来增值和溢价的无形资产，以及更大的影响力。娱乐营销有助于企业树立更好的品牌形象，提升消费者对品牌的好感度和美誉度。而当下，品牌IP化是营销的必由之路。品牌IP是指某个品牌特有的知识产权，包括商标、图像、品牌名称、外观设计、产品发明、艺术作品等。在娱乐营销中，"明星+IP"双联动通过明星穿搭示范、明星长短期授权、明星共创联名款、借势IP跨界联合等方式，在快速捕捉行业变化趋势的同时，对年轻人关注的内容进行引导，不仅能将品牌和用户进行有效联结，更能用性价比最高的方式，使有限的资源无限"出圈"。

娱乐营销走进消费者内心的关键是营销的内容。好内容往往是一个好故事。好故事能让品牌曝光量大增，走心才能塑造好的品牌故事。走心的营销内容需要以精心设计的文字、图片或视频等打动消费者，使其自发地点赞、分享或直接下单，提高消费转化率，达到好的传播效果。比如，百雀羚的视频广告《三生花》就注重娱乐营销的内容，讲述了三朵花和三个女人的故事。大多数美妆品牌都擅长讲述女孩的美德或是个性，百雀羚的广告把其"三生花"系列产品独特的品牌价值融入其中，展现女孩独立、勇敢和懂得爱自己的品格。年轻消费者往往能产生共鸣，认可品牌价值，进而购买产品。

渠道包括传统媒体渠道和互联网渠道，电影、电视、电台、报纸、杂志等传统媒体渠道以及以"两微一抖+B站"和"腾讯、优酷、爱奇艺"等长视频平台为代表的互联网渠道共同为娱乐营销筑起施展的舞台。

娱乐营销中的名人主要是指品牌的代言人，包括演员、歌手、运动员等知名人物。品牌选择的代言人往往符合品牌的形象和价值定位。比如，洗发水品牌海飞丝为了获取年轻人的青睐，挑选年轻、帅气的实力派优质偶像作为男士用品代言人，从而成功完成品牌年轻化塑造的第一步。

粉丝在娱乐营销中发挥着至关重要的作用。当下，粉丝经济呈现出蓬勃活力，粉丝的话语权和影响力越来越重，企业和品牌方的运营活动需要依靠粉丝的力量。粉丝经济是指架构在粉丝和被关注者关系之上的经营性创收行为，是一种通过提升用户黏性并以口碑营销形式获取经济效益与社会效益的商业运作模式。依赖粉丝对明星的追捧和喜爱，对系列产品进行销售，如演唱会门票、海报、服饰等。还有因为追星产生的延伸消费，如会员费、机票、住宿费等。此外，在社交媒体上品牌的粉丝运营需要更加细致。比如，明星发微博或有相关热点事件时，品牌的官微去评论区抢热评，或者去明星超话社区送花等，将自己的品牌官微打造成明星的"忠实粉丝"去与粉丝群体进行互动，博得粉丝的好感。

三、娱乐营销的创新思维

（一）故事思维

习近平总书记在2015年视察解放军报社时强调，要顺应互联网发展大势，勇于创新、勇于变革，利用互联网特点和优势，推进理念、内容、手段、体制机制等全方位创新。对新闻媒体来说，内容创新、形式创新、手段创新都重要，但内容创新是根本。新媒体运营创新的根本是内容运营创新。故事思维对于内容运营至关重要。传播的质量比传播本身更重要已经是新媒体人的共识。讲好一个故事需要形式和内容的双重保障。

1. 好形式需要善用新技术和新手段

故事思维在形式方面的表现是运用文字、图片、视听元素和新技术让内容直达用户。

2016年，直播和短视频在运营领域呈现井喷式发展趋势，直至今年势头依然不减。尤其是短视频，很适合承载故事内涵。不管是用画面讲故事，还是用语言讲故事，用故事去架构营销往往能取得很好的效果。比如，快手的九周年宣传短视频《看见》，用一个个人的故事去演讲，讲的是自己的英雄、看见的力量。该视频从普通人的视角去为品牌塑造形象，取得了非常好的营销效果。

2. 好内容需要氛围营造、冲突感和好主题

故事思维最终的落点还是好内容，因为好的内容才是传播的真正目的。要想靠好内容把故事讲好，好主题、营造氛围和冲突感是切入口。好主题是指在营销目的以外的故事本身所具备的主题，这个主题往往能让用户产生情感共鸣。冲突感是指在讲故事的过程中满足用户对情节的期待，如果能有出其不意的创意效果会更好。2018年滴滴打车发布了广告《最后一公里》，暖心的内容催人泪下。广告讲述了一个真实故事：一名滴滴司机为了给女儿治病继续奋斗，开启人生后半场。人性的温暖在片中传递，滴滴的品牌形象也在故事讲述过程中得到升华。

在故事的讲述过程中，氛围的营造能让用户尽快进入故事情境，从而达到吸引用户注意力的目的。比如影视类第一大号毒舌电影，其抖音视频主要解说电影剧情，依托其微信公众号的解读，毒舌电影的抖音解说也颇有特点。其解说视角往往让人产生一种身临其境的感觉。在大多数视频的前几秒，毒舌电影都会特意营造故事氛围，或凄惨或痛苦或恐怖或悬疑，通过电影画面的选择、字幕和较快的语速配音带领用户体验电影的氛围，从而吸引用户观看视频甚至关注其账号。

如今，新媒体营销的故事趋势越来越明显，甚至传统的广告制作也越来越呈现剧情化趋势，利用各种策划好的剧情持续吸引用户的注意力。

（二）联接思维

媒介的本质是不同主体之间关系的建构者，联接力是媒介的本质力量。在互联时代，联接的本质在于让不同主体之间产生关联，而对于新媒体运营而言，这个关联必须是强关联，才能产生后续的传播行为。因此，联接思维是当今5G背景下新媒体运营必须具备的思维方式。那么什么产品才能产生强联接，如何才能建立强联接？这就必须回到需求本身。20世纪的马斯洛需求层次理论揭示了人在每个阶段、每个层次都有不同的需求，而随着时代的变化，人们的需求也会发生改变。

1. 聚焦碎片化下的需求

5G带来的超高速、低时延的网络连接能力让碎片化成为主流，产品运营需要聚焦用户零碎的时间，使其被充分利用。这个时间可能是几分钟或十几分钟，也可能是十几秒甚至几秒。碎片化的时间往往被赋予娱乐消遣的功能，新媒体产品运营有必要聚焦用户

的娱乐需求。有研究指出，消费者对商业信息传播的关注兴趣往往只取决于 5 秒的时间，因此，在 5 秒内让消费者对传播信息产生兴趣，进而投注更多的注意力是碎片化时代运营的挑战。比如根据用户 5 秒法则，电视剧运营需要在有限的时间内获取用户的关注，并吸引其继续观看。这就需要把剧集的精彩之处直接剪辑出来，并辅以直击当下社会热点和"痛点"的标题予以呈现。

聚焦碎片化下的需求还需要关注稀缺性。那些和时代发展息息相关、新鲜的知识和创意，或者具有前瞻性的信息和产品都是稀缺的。

2. 聚焦用户真正的"痛点"

在新媒体产品营销领域，"痛点"常常被提及，甚至上升到"痛点"思维的层面，足见其重要程度。对于产品来说，"痛点"往往是指那些被广泛渴望却尚未被满足的需求。

这种需求大概率需要去发现，利用好"痛点"可以打造出营销爆款。比如在 2019 年 10 月，360 手机卫士推出了偷拍检测功能，用户使用该功能可以有效检测出所在环境内隐藏的联网偷拍摄像头。互联网安全问题一直都是大众讨论的热点，在公安部严厉打击查处非法安装使用针孔摄像头的新闻背景下，360 手机卫士偷拍检测功能应运而生。通过一系列的新媒体营销运作，当年 11 月，央视主流媒体跟进报道偷拍案例，360 手机卫士的标志在主流媒体报道中成功露出，宣传效果不言而喻。

• 本章小结 •

全媒体营销时代来临，其特征表现为数字化、移动化、互动化和娱乐化。究其根本都是建立在互联网发展的基础上，大数据等新技术的推进使得营销手段丰富多样，呈现出当今繁荣的营销业态。无论是数字营销、移动营销、互动营销还是娱乐营销，都离不开营销者对渠道的认知和判断，对优质内容的深耕，因此全媒体营销要走得更远，离不开营销者对时代的把握和跟进。

第四章

全媒体营销的媒体工具

学习目标

理解什么是媒体工具；了解全媒体营销工具的分类方式；准确把握全媒体各类工具不同角色分工的内容；知晓全媒体营销各类工具诞生及发展的前世今生；掌握BAT、LBS等专业名词的概念及内涵；了解大数据、元宇宙和新型智能终端给全媒体营销带来的变化；深度掌握何为全媒体营销工具。

关键术语

BAT；"三微一抖"；大数据；元宇宙

本书所述全媒体之新，不仅在于与传统媒体相比，而且更侧重其实时更新的属性，而帮助全媒体实现实时更新的媒介平台以及算法工具等被统称为媒体工具。本章将从媒介载体、技术支持以及终端载体三个方面来分析全媒体营销所依托的工具。

第一节 媒介载体

一、门户网站

门户网站在发展之初，功能局限于为各种垂直类网站提供归类和搜索服务。但在后来的深入发展中，这些门户网站迅速布局了新的业务板块，比如，网易拓展了新闻业务、新浪提供了自己的博客论坛等，这些功能迭代都让门户网站的功能日渐全面，构架也更为复杂。

而到了今天，新浪、搜狐、网易、腾讯等互联网公司都发展了自有的、栏目多元的综合性网站，单单从网站的首页来看，美工、标题、文案等方面与当年的门户网站相比都发生了巨大的变化。BAT 一词源自中国互联网公司三巨头的拼音首字母，即百度、阿里巴巴和腾讯。

门户网站在发展之初，按照网站内容的定位，可以分为导航式门户网站、综合性门户网站、地方生活门户网站、垂直行业综合网站和公司组织的门户网站等。而如今，根据客户获取信息的方式不同，门户网站可以分为综合性门户网站和垂直门户网站两种。

在我国，一提到综合性门户网站，大家一般会想到搜狐、新浪、网易、腾讯等互联网企业。综合性门户网站，顾名思义，就是综合性较强、能够提供新闻等多领域的资讯的网站，其服务更是涉及交友、邮箱、视频、论坛、游戏等多个方面。

垂直门户网站就相当于综合性门户网站的某一个细分的类别，在某一个领域或行业中做精做细，比如体育类垂直门户网站虎扑等。

二、电子邮件

电子邮件（electronic mail，email）是互联网重要的信息服务方式，它为世界各地的互联网用户提供了一种极为快速、简单和经济的通信方法。与原始的常规信函相比，电子邮件传输速度非常快，把信息传递时间由几天、十几天减少到几分钟甚至几秒钟；且电子邮件使用操作非常方便，即写即发，省去了粘贴邮票和跑邮局的麻烦。与电话媒介相比，电子邮件的使用堪称零成本。如今，配备电子邮件几乎成为门户网站的必有服务，比如腾讯、网易、新浪等，都有自己的电子邮件服务。

随着电子邮件的普及，其自带的附件容量也越来越大，各平台服务工具的竞争加剧，支持文字、图像、声音等各种文件的邮件服务相继推出，邮件新媒体的属性也愈发凸显。人们利用电子邮件新媒体的传播特性，从邮件传播系统中挖掘出了一种新的营销方式——邮件营销（email direct marketing，EDM）。通过这种营销手法，越来越多的机构推出可以免费或付费订阅的新闻邮件、专题邮件、广告邮件，加上邮件信息搜索，这一系列营销操作成为互联网广告最早的形式，也直接使 EDM 兴起。

比如，用户在 QQ 邮箱中就可以订阅自己喜欢的企业邮件，企业在这些推送的邮件中搭载营销内容，用户就可以持续不断地收到企业推送的相关商品广告信息。

三、网络论坛

网络论坛（bulletin board system，BBS）又名网络社区，是互联网上的一种电子信息服务讨论交流系统。论坛的主要特点是用户可以自由发布主题和回复帖子，内容多变，具有极强的交互性。

随着互联网的不断发展，网络论坛也如雨后春笋般出现，并迅速发展壮大。现在的论坛涵盖了生活的各个方面，几乎每一个人都可以找到自己感兴趣或者需要了解的专题性论坛，而各类综合性门户网站和功能性专题网站也都开设了自己的论坛，以促进用户之间的交流，丰富网站的内容，增强互动性。

（一）综合类论坛

综合类论坛包含的信息比较丰富和广泛，能够吸引大量的用户来到论坛，但是用户量太大容易疏于管理，因此，这类论坛往往存在着不能把内容做全做细的弊端。通常大型的门户网站有足够的人气和凝聚力以及强大的后盾支持，能够把综合类论坛做到很强大，但是对于小规模的网络公司或个人来说，建立专题类论坛，注重垂直领域的话语权，并将其做到精致是更好的选择。

（二）专题类论坛

相对于综合类论坛而言，专题类论坛能够吸引真正志同道合的人来一起交流探讨，有利于信息的搜集和分类整合，比如军事类论坛、情感倾诉类论坛、电脑爱好者论坛、动漫论坛等。专题类论坛能够在一个单独的领域里进行板块的设置划分，有的论坛则直接把专题性做到最细化，这样往往能够取得更好的效果，比如养猫人论坛、吉他论坛等。

四、"三微一抖"

（一）微博

微博的内核是一个基于用户关系的信息分享、传播、获取平台。基于这一内核，微博逐渐成长为一个以粉丝与兴趣聚合为核心的，具有广场媒体属性的社交应用。通过开放的关系链和去中心化的社交关系，微博构建了大众和现场之间的连接，实现脱媒化信息传播过程。

我们还可以看到，在微博崛起的背后，是短图文的兴起。短图文成长为一种新的内容媒介，由此涌现出一批新的内容创作者。日后，我们也会一再见证，每逢主流内容媒介发生变更，新的主导流量平台便会诞生崛起，也会让一批新的内容创作者和生产者从中受益。

（二）微信

微信是时下中国最火的新媒体平台，如何借助微信平台展开营销活动也成为很多商家考虑的问题。目前来看，微信营销包括五种模式。

1. 微信公众号

之所以把微信公众号模式放在整个微信生态圈分析的第一顺位，是因为在微信作为即时通讯软件的本质功能之外，微信公众号是微信与商业环节相连接的主要尝试方式。

不管是个人还是企业都可以开通某一领域内的微信公众号。公众号的商业价值体现在两个方面：第一，阅读量的公开；第二，广告内容的植入。随着近年来微信对原创内容的进一步支持和用户知识积累的增长，用户对优质内容的判别能力越来越强，要求越来越高。能够持续不断地产出优质内容的公众号在互联网竞争中生存下来的同时，也可以通过广告变现反哺其公众号的运营，由此便形成一个良性的循环。

自公众号功能上线以来，不少官方媒体也纷纷开设微信公众号，传播自己的文章和观点，比如人民日报的微信公众号，文章阅读量经常超过 10 万人次。

2. 微信朋友圈营销

在微信朋友圈能看到朋友分享的内容，所以有的人就通过加好友在朋友圈发软性文章做推广。目前微信好友数量的上限是 10 000 名，假如一名用户拥有 10 000 名好友，其就相当于拥有了一个活跃度很高的微博账户。通过在朋友圈发导购信息转入微信私聊，然后进入微店达成交易，已经成为很多电商的重点运营模式。

3. 微店

微信鼓励和支持企业商家在微信平台上开店，通过微信支付完成自己的产品和服务交易，因而通过微信构建各种消费服务的中小型企业非常多，企业可以通过微信公众号、微信群、微信朋友圈做营销推广。

4. 微信广告

微信针对中小型企业推出了广点通业务，企业开通广点通的账户后，可以在微信公众号文章底部插入产品的广告链接。对于更有实力的企业来说，还可以尝试投放朋友圈广告。

5. 微信视频号

微信视频号是 2020 年 1 月 22 日腾讯公司官微正式宣布开启内测的平台。微信视频号是一个全新的内容记录与创作平台，也是一个了解他人、了解世界的窗口。视频号内容以图片和视频为主，还能带上文字和公众号文章链接，而且不需要 PC 端后台，可以直接在手机上发布。视频号的用户可以通过点赞、评论进行互动，也可以将相关内容转发到朋友圈、聊天对话框，与好友分享。将微信视频号的盈利模式拆解来看，其收入来源主要有三个方面：短视频信息流广告、直播打赏及直播电商。

(三）微头条

借助数字、移动技术，安装在移动客户端上的新闻类服务程序，我们统一称之为新闻客户端产品。新闻客户端的兴起适应了移动阅读的趋势，取代了用户传统看报纸或在门户网站看新闻的使用场景，由于移动终端界面较小，所以新闻客户端也为适应这一变化做了许多重要的创新。

其中，微头条在新闻客户端的搭建方面最具代表性。微头条是今日头条 App 内一种基于社交工具属性的内容形态，是基于粉丝分发的一款社交媒体产品，通过微头条，用户可以随时随地发布短内容，大数据会将其推荐给粉丝和可能感兴趣的用户群体。微头条一类的新闻客户端，相较于以往的新闻终端，具有以下特征：

第一，碎片化阅读，排版适应手机载体，受众可随时随地阅读相应信息。

第二，突出头条新闻，引入独家原创内容，围绕精准定位推送文章，直抵目标客群。

第三，强化个性推送，依据用户阅读习惯，智能推送用户可能喜欢阅读的文章。

第四，订阅简单，安装方便，可以自动弹出消息提示。

第五，鼓励用户转发至社交媒体，强化交流分享属性。

（四）抖音

著名的艺术领袖安迪·沃霍尔（Andy Warhol）曾经预言："在未来，每个人都能出名 15 分钟。"伴随着短视频的兴起，各类网络红人层出不穷，安迪·沃霍尔的预言似乎正在得到验证。每个人都有表现的欲望，每个人都有与世界联系的诉求，在互联网时代来到之前，这种表现欲能够得到释放的终究只是少数人。而在互联网时代，每个普通人的表现欲都能够得到释放，并得到充分的尊重。在更加快捷、更加直观、更加碎片化、更加去中心化的发展方向上，抖音在尊重普通人的表现欲方面做到了极致。抖音的产品逻辑与运营定位是一个基于推荐引擎的内容分发平台。这个定位可以粗放地理解为以关键意见领袖（key opinion leader，KOL）为主体，同时用户可以对视频进行点赞、评论和分享，是一个联结内容生产者与内容消费者的平台。

抖音有两个主要的产品亮点：一是以头部用户扶植为土壤的传播方式，普通用户点击抖音界面右下角的音乐或者点击相关话题，可以直接参与创作，这一改进简化了拍摄流程，并且能够在短时间内炒热话题。二是依赖今日头条大数据的强大推送技术，再结合算法推荐模型，保证抖音短视频高效率和去中心化分发，进而确保了针对单一用户的优质视频推荐的成功率。

五、人工智能和虚拟现实

（一）人工智能在新媒体中的运用

伴随着大规模的图形处理器（graphics processing unit，GPU）技术的研发，云计算、大数据、深度学习、人工智能算法和智能芯片等技术快速发展，人类社会先后经历了互联网时代、大数据时代和人工智能时代。整体来看，我们目前正处于人工智能（artificial intelligence，AI）蓬勃发展的阶段，此阶段最明显的表现为人工智能算法开始全面融入社会生活。在这个阶段，AI 深度学习和强化学习成为最主要的技术发展特征，"深度学习框架 + 应用场景"成为人工智能的主流发展模式，构成了人工智能发展的基础和核心，也是未来技术发展的关键所在。

人工智能正在不断赋能各个行业，并且改变原有行业的传统面貌，全球传媒格局同样正在被人工智能算法所重塑。不仅百度、腾讯、字节跳动等头部互联网企业在传媒人工智能应用方面积累了先发优势，以人民日报、新华社、中国广播电视总台等为代表的新型主流媒体也在加速传媒的人工智能布局。智能化是我国传媒深入发展的必然方向，人工智能算法正在为全媒体传播体系建设提供强大的技术支撑。从结构上看，我国的智能传媒行业总体可以划分为基础层和应用层。

基础层面提供算法、算力和数据等基础要素支撑，是未来行业发展的通用基础，主要包括智能芯片、智能传感器、大数据资源、云计算平台等。

应用层面则具体深入到各行各业。以传媒行业的人工智能应用场景为例，首先，需要提出智能化的软硬件产品和综合性解决方案，用于提高人工智能媒体的智能化程度。其次，技术层面主要依托基础层的运算平台和数据资源，通过以深度学习为代表的算法进行海量信息识别训练和机器学习建模，开发出一系列应用技术和解决方案。

在传媒行业的人工智能应用场景中，机器学习技术被运用到新闻生产传播的各个环节，数据采集机器人、机器人写作、虚拟主播、智能采编、算法分发、智能媒体管理、智能营销、智能舆情监测、版权保护等新产品和新应用层出不穷，人工智能尤其是机器学习对我国传媒行业的全局赋能主要从以下六个方面实现：智能采集、智能生产、智能分发、智能风控、智能反馈和智能商业化。

总之，机器学习等人工智能技术的应用已经从工具级、产品级发展到平台级的创新。同时，以人工智能为基础的智能传媒平台正在蓬勃发展，新媒体行业的从业人员应该对该行业动向保持关注。

（二）虚拟现实技术在全媒体中的运用

虚拟现实技术又称虚拟实境或灵境技术，是 20 世纪发展起来的一项实用技术。其应用原理是利用计算机模拟出一个集成多种信息和交互式渲染的三维立体环境，通过对周围场景的声音和动作的有效模拟，给人一种身临其境的感觉，为人们提供高品质的视觉和听觉享受体验。最为消费者所熟知的虚拟现实技术的应用商品莫过于立体电影和 VR 游戏。除了在游戏和电影院线方面的应用，VR 还有以下应用场景：

视频网站。在普通屏幕上观看演唱会，哪怕是实时更新的直播，观众也很难体会到现场的氛围，而有了 VR 设备，用户就可以身临其境地感受演唱会的气氛。

教育。利用 VR 教学，各种难以描述的历史背景、化学实验、物理原理都能很直观地呈现出来，使知识更加通俗易懂。甚至驾驶员考试相关培训企业也开发了驾考 360° VR 培训教学体验等服务。

医疗。VR 可用于治疗环境焦虑等精神方面的疾病。通过 VR 构建虚拟人体模型从而提出手术方案，能改进现有的医学教学模式，也能提升患者对病情及手术过程的认知。

以上是较为常见的几个 VR 应用场景，事实上 VR 能够运用到更多的领域，包括我们日常生活中的购物、信息传播等方面，提前了解和关注这个领域的发展，有助于我们了解未来的科技生活。

第二节　技　术　支　持

一、数据库营销与大数据分析及挖掘

大数据是一种搜集规模巨大的数据集成及搜索工具，可以在规定的时间内进行信息的获取、管理、处理和整理等工作，对数据进行追踪和观察，并预测分析出某些数据信息的真实意义。一方面，大数据技术不仅有庞大的数据库资源，还能搭建数据分析框架，比如，企业结合大数据技术能够定位产品信息，并进行相关的产品营销、管理等工作。另一方面，大数据技术分析出的某种数据意义，有助于企业进行详细的数据分析，并灵活运用到企业发展中，使得企业实现盈利的目标，从而扩大企业的发展规模。电子商务企业面对庞大的数据信息，依赖大数据技术进行数据分析有助于企业的长久发展。

广义的大数据包括大数据的实际应用、大数据的工程以及大数据的科学架构。而狭义的大数据，是指基于现有的互联网所需要的复杂大规模数据的集合、分析、储存、管理体系。本书将探讨大数据定义的狭义部分，即其在互联网传播中所承担的工具性角色。

与传统媒体相比，大数据带给全媒体最直观的变化表现在信息产业发展的两大趋势上：个人数据成为资产；行业处在动态的垂直整合中。从前端开发人员到数据分析岗位，再到产品及运营等部门，全媒体营销主体对用户数据的收集和处理涉及多部门、多工种。通过收集、存储、脱敏、分析等数据处理环节，营销主体利用算法和大数据，通过用户标签和用户画像推荐信息、商品，提供个性化服务。

数据已然成为全媒体环境下最为重要的生产要素。对于营销主体而言，收集数据的数量和质量往往与服务效果直接挂钩。要想将营销内容精准定位到某受众群体，就必须清楚掌握大数据的四大优势：

第一，大数据体量大。大数据的巨大体量使得数据分析具有显微镜的放大功能。现如今音频数据、签到位置信息等非结构化数据在社交媒体上的曝光比重较大，这意味着承担计算功能的大数据技术能够整合大量信息。有了足够充分的样本，就可以抓取其中有价值的数据，抓取的有价值的数据越多，所建构的消费者模型也就越接近消费者本身。大数据的功能表现就像一个显微镜，能够洞悉某个群体或者用户的行为状况，能够监测用户的行为，使得企业能够预测即将到来的业务，从而执行更为精准的营销。

第二，大数据分析速度快。随着 5G 高速网络的搭建，及时传输和及时反馈早已成为各大互联网巨头的基本策略。大数据的高速运行能够满足瞬息万变的资讯需求，比如各平台上此起彼伏的热搜，就是大数据通过抓取大量用户的转发、点赞、打卡、定位、签到、评论等数据而形成的总结。

第三，大数据真实性的特点使大数据具有"纠错器"功能。从社会化媒体内部信息共用、分享和交流的层面看，大数据发挥了"纠错器"的作用。它能实时发现营销过程中存在的问题，及时调整策略，提高营销效率，提升投资回报率。这种及时纠错能力使营销主体避免了营销资金的浪费，同时也能进一步实现与消费者的沟通。

第四，大数据多样性的特点使大数据具有"发动机"功能。从公民群体的分享层次来看，大数据则成为驱动社会化媒体营销的"发动机"，是驱动精准营销的引擎，它颠覆了传统的营销决策模式及营销执行过程，给全媒体营销行业带来革命性的冲击。大数据"发动机"的功能将协作从线上延伸到线下，从小规模扩展到大型社会群体运动，"微博打拐"行动就是典型的大数据应用实例。社会化媒体大数据的汇流有驱动媒体事件发展的作用，能为全媒体营销活动的实施提供参考。

二、算法营销

（一）5G 时代：媒体行业之算法大变革

5G 是指第五代移动通信技术，它被视为新一代信息技术和数字经济的发展基础，使人类进入"万物皆媒"的时代。5G 网络最突出的特点是高速率、低时延与超大连接。作为高等级网络设施和信息传播的智能手段，5G 技术不但可以为媒介内容生产提供技术保障，极大提升信息传播的效率和便捷性；同时也可以更加有效地实现"万物互联"，满足丰富多元的应用场景，为现代传媒业带来更多的可能性与想象空间。5G 在新媒体营销领域可预见的影响主要有以下五个方面：

第一，5G 时代的到来意味着更加深入的消费者个体信息的抓取，市场竞争将会更加激烈，全媒体更应深耕传统市场，开拓新兴市场。

第二，在新媒体的传播方式上，AI 设备的应用使得虚拟场景化成为传播内容的发展方向。

第三，新媒体的传播内容发生改变，传播的媒介变成以视频为主。

第四，在未来的新兴主流应用上，会诞生远程医疗、智慧医疗、VR 社交等模块。

第五，5G 将推动媒介深入融合，媒体体验的边界越发模糊，新的媒体形式会层出不穷。比如在新闻版块，可能会诞生游戏新闻、VR 新闻直播等新形式。

（二）云计算推动全媒体营销的发展

随着互联网的兴起，用户网络访问量激增，数据正以难以想象的速度膨胀，其系统性、复杂性空前提升。在这种情况下，早期的互联网企业只能通过扩张硬件设备的数量、增加运营人数来解决这些问题，这造成的最直接后果就是耗费了大量的人力和物力。为了解决这一难题，云计算诞生了。

云计算是分布式计算的一种，是指通过网络将巨大的数据计算处理程序分解成无数个小程序，然后通过多部服务器组成的系统处理和分析这些小程序，得到结果并返回给用户。可以将云计算比较粗放地理解为"计算服务的第三方外包"，这里的第三方是一个信息与通信科技集合在一起的综合性科技交付平台，它使服务器、交换机、路由器、硬盘、存储柜等不再是必要的基础设施。云计算能够精简组织架构，帮助营销主体达到更低成本的经营目标。

（三）LBS 区域定向

LBS（location based service）就是基于位置的服务，移动互联网与 PC 互联网最大的区别就是 LBS 的应用。LBS 在企业营销中主要有以下几种应用场景。

1. 店面实时流量引流

某一新店开业，想要对附近的消费者进行宣传，除了采用传统的传单模式，还可应用 LBS 即时营销。通过数据积累，找到近期在附近活动的人，向其推送营销活动，省时省力；还可以对效果进行监控、分析，对会员信息进行扩充。

2. 基于地理位置的信息推送

一位消费者走进一家门店，其手机立即接收到这家店提供的优惠券信息，结账时向收银员出示接收到的手机优惠券即可。优惠信息可一键触达消费者，并支持广告、推送、卡券等任意形式，企业还可单独定制触发消费者接收到营销信息的各类条件。

3. 利用 LBS 定位用户画像

大多数 App 在新用户注册时，会要求用户输入性别和生日信息，帮助营销主体获取性别和年龄两大关键数据。但除非实名认证，否则营销主体也无法判断用户填写信息的真实性。营销主体在无法获取更多客户数据的情况下，仅靠 LBS 也能够精准定位目标客户。

借助 LBS，营销主体可以长期采集某一用户的位置数据，通过数据积累，就能够描绘出用户的生活轨迹。比如针对某一用户的活动规律的侧写：工作日，这名用户每天几点从 A 地出发去往 B 地，几点离开 B 地，几点回到 A 地；休息日，这名用户停留在 A 地，或是经常去往 C 地，又几点回到 A 地。

LBS 可以描绘用户生活轨迹，发现用户聚集特征。营销主体能够靠时间和位置数据定位用户的住址和工作地点，并根据工作日的地点变动大致定位用户的工作性质；根据用户周末的行动轨迹，又能大致推测用户的休闲习惯和消费偏好，就能基本评估该用户的营销价值。

当然，LBS 营销在为用户提供便利的同时，不可避免地要涉及用户位置隐私。因此，LBS 营销必须用严密的手段保护好用户隐私。

三、元宇宙时代

（一）元宇宙概念及内涵

学术界和产业界普遍认为，元宇宙本身不是一种技术，而是整合网络通信、扩展现实、数字孪生、区块链、人工智能等多种新技术而产生的新型虚实相融的互联网应用和社会形态，拥有完整的经济逻辑、数据、物体、内容以及 IP，是一个永续在线、不断被刷新的实时数字世界，并且允许每个用户进行内容生产和世界编辑。

关于元宇宙这个概念，最初的解释指向"大型在线游戏平台"。但借助 VR、AR、动作捕捉、体感重现等手段让用户更有沉浸感，元宇宙的应用也可以扩展到游戏之外，包括工作、社交等都可以在元宇宙中实现。

比如，现在的一群人可以通过视频会议在线聚会，一个参会者正好在北极，他可以给其他人看北极极光的实况影像，但是没法给其他人身临其境的感觉。有了"元宇宙"之后，其他参会者可看到 3D 形态的极光，可以感受到北极的寒冷，这种体验是前所未有的。

为了实现这一点，技术上要有足够的积累。元宇宙对于带宽和网速有更高的要求，需要 5G 甚至 6G 网络的普及，需要 3D 采集和成像技术的发展，需要 AR 和 VR 能够被普遍消费，还需要体感模拟技术的成熟普及。当然，实现这样伟大的目标，还需要很多时间，路要一步一步走，AR 在现阶段被认为是迈向元宇宙的第一步。

（二）元宇宙前景展望

当前元宇宙产业处于初期发展阶段，具有新兴产业不成熟、不稳定的特征。元宇宙仍存在诸多不确定性，产业和市场都亟须回归理性。在技术升级与需求升级的合力作用下，元宇宙的场景实现只是时间问题。元宇宙代表着未来发展的大方向，元宇宙产业发展需要技术、标准、应用、法律等层面的支持。

对于到来时机尚不明确的元宇宙，媒体人应该从中嗅到未来的发展方向，以拥抱的姿态去应对虚拟现实、沉浸式体验、区块链技术、交互技术、大数据、云计算等技术的发展，积极地将其运用到自有的媒体媒介当中，以期能够规避行业转型升级阵痛，触及元宇宙未来。

第三节 终端载体

一、户外液晶电子屏

（一）电梯间液晶屏新媒体

电梯营销，按位置一般分为电梯内框架广告营销和电梯外框架广告营销，按形式可以分为幻灯片广告营销和视频广告营销。框架材质一般为液晶显示屏，画面清晰、美观，新媒体内容展现效果较好。一般来说，作为新媒体营销工具，电梯间液晶屏新媒体具备以下特性。

1. 投放精准

楼盘的售价有高低之分，居民的消费能力也有高低之分。投放电梯新媒体内容的优势在于能把产品推广给特定的消费群体，避免了媒体资源的浪费。

2. 强迫记忆

消费者总是会对每天重复看到的画面印象深刻。电梯是大部分居民每天都要经过的空间。当消费者在等电梯时，电梯外框架广告清晰的画面能迅速被消费者捕捉，并且当消费者进入电梯后，狭小的空间内，电梯内框架广告的明亮画面又会吸引他们的眼球。电梯框架广告全天无休的播放，让营销者想要传达的信息牢牢烙印在消费者的脑海里。

3. 加深印象

从心理学角度来说，在乘坐电梯这一段时间，彼此陌生的人群被突然拉近距离，人们或多或少会产生"不知所措"的尴尬心理，狭小的空间、沉默的环境，使消费者的视线不由自主地停留在"无意义"的广告画面上。相较于其他户外远距离的媒体，设计更加高雅的电梯间广告近乎零距离的视觉体验，无疑使它具有极大的画面冲击力，能给人留下深刻的印象。

其实除了新媒体营销方面的应用，电梯间广告还承担了安全教育及公益科普功能：平时播放电梯乘梯安全宣教信息、公益宣传信息、各类通知、广告等；紧急状态下（如电梯运行异常时）实现应急告警，部分电梯间新媒体 LED 屏还能够承担联系救援人员的功能，甚至有的电梯营销媒体支持一键报警功能，按下后启动救援流程，可以依次呼叫多个救援电话；有的电梯广告还可以和电梯运行安全监测终端连接，实时显示电梯故障代码；有居民电梯被困时还能够自动播放安抚视频；设备外部电源停电后，能够自动启用备用电源，开启应急照明灯；等等。

（二）交通工具相关媒介载体

轨道交通广告媒体，按照媒介呈现地点可分为站台灯箱媒体、车厢媒体、车身媒体、车站冠名媒体、列车冠名媒体、车票媒体、视屏媒体、语音媒体等。交通广告媒体具有以下优势。

1. 容易引起乘客的碎片化关注

人们在公交站、地铁站，常常会下意识地观看通道两侧或扶梯的广告；当车辆启动后，由于车厢内的空间有限，地铁或公交车内部的广告播放也更容易引起乘客的关注。

2. 声光交互性强

交通工具内部营销内容的投放与其他户外广告相比，有效集合了广告的视觉效果和听觉效果，通过多种感官刺激，充分激发人们的兴趣。

3. 目标受众相对明确

乘坐地铁的乘客往往多次乘坐相同路段，具体到一个自然人，如果其每周五天在相同的一个或两个时间段经过同一个地铁站，那么其观看该地铁站营销内容的次数就会不断累加，乘客对营销内容的记忆也就会加深。

4. 具体到每个消费者的曝光时间较多

2022 年 7 月，中国城市规划设计研究院发布的《2022 年度中国主要城市通勤监测报告》显示，中国 44 个主要城市单程平均通勤时耗 36 分钟。其中，超大城市平均通勤时耗 41 分钟，特大城市 38 分钟。2023 年 6 月 20 日，人力资源和社会保障部对外发布的《2022 年度人力资源和社会保障事业发展统计公报》显示，截至 2022 年末，全国就业人员 73 351 万人，这意味着，如果每个就业人员都拥有 1 小时的通勤往返时间，在一个工作日内，全国将有 7.3 亿小时交通环节的潜在广告接收时长。由此可见，附着于交通运输环节的媒体载体潜力巨大。

（三）商业中心 LED 电子外墙

商业中心大型广告外墙的 LED 显示屏是使用和调节其内置的半导体发光二极管来改变画面显示方式的。随着 LED 技术的发展，LED 发光球从单一蓝色演变到如今广泛使用的红、绿、蓝、黄四种颜色。相比于其他发光体，LED 工作电压低，能主动发光且亮度能根据电流调节，且兼具耐冲击、抗震动等特点，使用寿命可长达 10 万个小时，所以一些大型显示设备中 LED 显示屏的品质要远远高于其他显示方式。现在，随着媒体营销传播方式的发展，LED 显示屏的应用越来越多。尤其是在一些大中城市的商业中心广场，经常可以看到 LED 显示屏在户外展示影像画面的场景。在计算机等智能控制系统的操作下，LED 显示屏所呈现的画面和一些动态的数据等，具有优于其他传播方式的吸睛特点。LED 在户外呈现的画面不仅细腻逼真，而且在夜晚，LED 显示屏的画面也成为城市的一道风景。当然，LED 显示屏能作为户外的光电呈现载体，与其自身的特点和技术优势是分不开的，包括防水、防强光照射、防尘、防雷等特点。

二、便携式智能终端

便携式智能终端设备最大的特点就是其自身小巧体积所带来的可手持、可移动性。便携式智能终端设备包括智能手机、智能手表、无人机以及掌上游戏机等主要品类。除此之外，还有许多应用在各垂直行业的终端设备，比如，在工厂生产环节中供员工使用的红外扫码智能终端：企业可以通过手持终端的数据采集与传输功能，实现生产线实时数据管理，不但保障了生产进程的可查可控，还能满足在线生产调度的需求；在数据整合方面，便携式智能终端的应用一方面提升了数据准确性，确保了各环节信息及时交互，另一方面还让生产效率得到了提升。

（一）智能手机

手机又称移动电话，是一种普遍使用的通信工具，最早应用于战时传呼系统。手机诞生与改良的道路十分漫长，它经历的每一次技术革命，都依托于电信通信技术的提升。

手机是一种新媒体工具，手机媒体是指以手机为视听终端、手机上网为平台的个性化信息传播载体，它是以分众为传播目标、以定向为传播效果、以互动为传播应用的大众传播媒介。从媒介演变的视角来看，手机媒体是继报纸、广播、电视、互联网之后出现的"第五媒体"，基于无线通信技术，通过以手机为代表的移动终端，展现信息资讯内容，应用形式主要包括移动互联门户网站、手机报和手机杂志、手机电视、手机社会网络、手机微博、电子阅读、二维码等。可见，手机新媒体的业务形态多种多样，不但涵盖了传统的媒体类目，比如报纸、广播、电视等，还开创了手机媒体独有的媒体类型，而且手机二维码、手机支付、手机金融、手机VR等新型功能也将媒体的边界拓展得更为广阔。

手机新媒体与传统媒体的区别主要来源于手机的以下特性：

1. 交互性

手机上行下行的互联网数据使得其互动性不断提升。一方面，手机媒体用户可以通过访问网络获取个性化的信息服务；另一方面，通过无线网站、手机App提供的打赏、评论、点赞、转发等功能，多主体之间可以实现信息传播的实时互动。以微博、微信为代表的社交媒体，大大提高了手机媒体互动的速度、深度和广度。

2. 移动性

美国媒介理论家保罗·莱文森（Paul Levinson）曾说过，"边走边说"是人类的一种自然传播模式。手机将人们从电脑桌前解放出来，使人们能够不限时间、不限地点地交流，大大增加了人与人交流的频次与时间，极大地促进了新媒体的发展。

3. 多媒体融合性

随着移动通信技术的不断创新和完善，距离已不再是制约手机媒体数据传输与发展的因素。手机媒体借助文字、图片、声音、动画、视频等表现手段，提供了涵盖手机报、手机广播、手机电视、手机杂志等多种形态的多媒体、立体化服务。用户通过手机，不但能阅读个性化的电子报纸、书籍，根据个人喜好收听收看广播电视，还能享受个性化的音乐和视频点播、互动服务。随着社交软件与直播软件的出现，用户还可以使用手机进行实时语音、视频通话，实时点播与互动。

（二）无人机

无人机这一新媒体工具被广泛应用在地质勘探、气象检测、视频影像采集、维和、安全、卫生、农业耕种等领域。我国无人机企业在消费电子产业链的无人机领域研发出了非常多的行业前沿技术，并用非常强的技术整合能力将飞行控制、图像处理、避障环境感知、自动定位等技术成功地串联在了一起。强势产业加上科技突破，就诞生了强大的商业级和消费级无人机品牌，比如，大疆无人机就是一个典型，其市场份额在全球的民用无人机企业中稳居第一位，是当之无愧的全球最大的消费级无人机公司。

目前，无人机新媒体行业已经从初期萌芽阶段进入了快速成长期，在应用方面主要分两大类：一类以搭载传感器为目的。包括相机、吊舱、雷达、大气传感器等在内的多种传感器应用已相对成熟，搭载不同传感器的无人机可在农林植保、遥感测绘、能源巡检、安防确权、环境监测等领域发挥人工所不能及的作用。另一类以载重为目的。无人机的价值围绕其有效载重产生，货运物流和载人交通对载荷能力要求高，当下仍处于早期发展阶段。

未来，无人机这一新媒体应用的整体趋势将偏向智能化、平台化和工具化。智能化，意味着无人机可以实现真正意义上的"完全无人"，进行全自动化的任务处理；平台化，是指不仅把无人机看作硬件，还将其看作一个可以实现软件开放、打造产业生态的平台；工具化，体现在无人机可以更安全可靠，成为各行业简单易用的基础工具。可以预见，各式各样应用在各个行业的无人机技术将日趋完善，结合 VR 与 AI 的机体面世也指日可待，各国各行各业应该提前做好无人机应用的法律及舆情备案，以备不时之需。

（三）掌上游戏机

掌上游戏机这一专门为游戏开发的便携式终端，其产业发展起步于 20 世纪 70 年代中期。风靡全球的《俄罗斯方块》《坦克大战》等小游戏均出自便携类的掌上游戏机。不同于以往需要插电插卡的大型游戏机，掌上游戏机能够满足玩家随时随地娱乐的需求。

如今，单机游戏的更新速度加快，许多游戏存活期不超过一个月。而融合了新媒体的掌上游戏机，可以把交互性和可玩性发挥至最高，最大限度地延长游戏生命周期。再者，VR 功能的日趋完善使得游戏更加逼真，网络的迅捷和实时翻译软件的运用使得各国家玩家之间的交流更为便捷。因此，从新媒体时代发展的趋势来展望未来游戏发展，游戏的形式将会更加开放，能在一个有限的游戏空间中给予玩家无限的可能，比如引导玩家自主创作，使玩家设计自己的专属物品。

（四）VR 可穿戴设备

可穿戴设备是指人类为了延伸自然人体能力，而研制出的能够延伸动手、行走、视听、大脑思维能力、体力等的可以附着在人体之外的设备。而 VR 可穿戴设备则是利用了一系列集成芯片，搭建外置传感器工具，延伸了上述所有感官，用于强化用户感知能力的一种穿戴设备。现阶段 VR 技术的表现形式一般为 VR 盒子、VR 一体机或 VR 眼镜，这些设备不仅可以实现各种游戏效果，还可以创造出新的虚拟世界，每个人在虚拟世界中都会有属于自己的身份，人们能在虚拟世界中长时间地停留。在现实世界中物质需求得到极大满足的人们，精神层面的需求将会在虚拟世界中得到全维度的实现，达到真正意义上的身临其境，人们足不出户就能在海滩上晒太阳或者在喜马拉雅山脉攀岩探险，这也是近年来大热的"元宇宙"概念的题中应有之义。尽管 VR 的发展还存在一些不足，比如硬件的笨重、配套环境资料的不足以及部分用户在使用 VR 技术时生理上产生的眩晕感等，但可以预见的是，VR 的使用将超出游戏的范畴，在人们的衣食住行等领域带来巨大的革新，也将会成为新媒体新的表现形式。

三、家用智能终端

（一）个人电脑

在新媒体领域，各终端主要观看内容相互补充。传统电视节目以电视剧和综艺节目为主，用户自主选择性较弱；互联网电视和个人电脑由于联网，可以实现观看内容的自主选择，用户可选择观看在传统电视收看不到的或错过的内容，在一定程度上对传统电视内容进行补充；智能手机具有非常强的可移动性，能满足用户碎片化时间的观看需求，适合观看新闻等短视频或缓冲好的电影。个人电脑新媒体主要呈现以下特征。

1. 参与互动性强

相较于传统媒体的单一内容输出模式，以电脑为代表的新媒体介质依赖网络与数据传输，可以实现内容营销的实时反馈，获得用户的订阅、评论、留言等信息，极大地拓展了沟通的渠道。各行各业的人积极参与到媒体活动中，反哺、拓展、丰富了媒体行业的板块。

2. 专业媒体人自立门户，纷纷转战自媒体行业

新媒体的渠道因 PC 终端的产生而变得简单且高效，内容传播权不再被少数大型广告商或者电视台垄断，个人自媒体仅凭借一台电脑就能实现剪辑、配音、上传、发布等环节，加速了自媒体时代的到来。

3. PC 浏览数据推动了大数据分析决策模型的建立

PC 时代后期，敏锐的互联网巨头们纷纷发现，个人电脑浏览记录生成的用户数据与其购买能力及决策方向息息相关，这侧面推动了营销领域有关"用户画像"理论的发展，各企业能够实时收集相关舆情进行内容报道或带动新闻热点，从而使营销收益最大化。

（二）智能电视

随着互联网的兴起，"智能"一词越来越与电视深深地关联在一起。从技术上讲，智能电视是网络集成模块与网上浏览模式的结合。从这个意义上说，智能电视就是"网络+电视"的形态。而"智能与互动"的实现，则一般采取以下两种方式：

第一，"手动智能"，利用单向的电视机终端，接入广电网络，再搭配机顶盒模组，将数字信号转换为视频信号输入电视，从而实现实时收看。

第二，近年来比较流行的数字电视模式是以计算机为转换媒介，通过个人计算机上的视频电视转换卡，将个人计算机作为数字信号接收器，再搭配一个显示屏。

前者是从电视数字化方向出发，后者是从电视网络化方向出发，为我们指出了电视的发展方向。

智能电视的普及改变了电视媒体这一主流营销传播媒介，使其可以实现节目内容的实时和反复播放，极大地提高了电视观众的主动性，也丰富了电视媒体行业的内涵。智能电视媒介相较于普通电视的转变主要体现在以下两个方面：

第一，由单向传播变为双向互动传播，增加了观众与节目的互动，增加了互动的表现形式，比如实时点播、实时抽奖、实时问答等。

第二，让观众拥有了收视的自主权。传统电视是单向传播，观众只是被动地接收信息，这种被动性主要体现在收视时间上，即使观众可以在众多频道中自主选择节目，但是何时可以观看节目完全由电视台决定。而智能电视则将节目播出的主动权由电视台转移到了观众的手里。观众不仅可以自由选择节目套餐，还可以在任何时间选择收看自己想看的节目，并且"想看几遍就看几遍"，也不用受广告插播的骚扰。

------ • 本章小结 • ------

本章从媒介载体、技术支持和终端载体三个方面分析了全媒体营销所借助的工具，无论是硬件方面还是软件方面，未来的新媒体工具都会朝着更智能、更高效、更便捷的方向发展。未来新媒体工具发展有三大趋势：新媒体工具将广泛融入人类生活中；新媒体工具不断与人工智能、虚拟现实技术相结合；新媒体工具与社会化实际应用的联系日益密切。

总而言之，新的信息化时代为新媒体的发展带来机遇的同时，也带来了严峻的挑战。身为媒体人，应该不断学习研究、创新思维、推陈出新、与时俱进，给用户提供更新更好的媒体内容，以促进新媒体行业的发展壮大。

第五章

全媒体营销策略

学习目标

理解什么是营销策略；深度掌握常见的七种营销手法，熟记各自的定义及内涵；了解各营销手法在不同媒介及不同市场环境下的传播特点及传播方式；掌握各营销方式的优缺点、时效性以及前置条件等；熟知热点营销事件背后所运用的营销手法；能够将各营销策略对应到具体的营销事件中。

关键术语

病毒营销；粉丝营销；事件营销；借势营销；口碑营销；跨界营销；饥饿营销

新媒体有很多营销方式，本章着重介绍近几年比较热门的七种营销手法：病毒营销、粉丝营销、事件营销、借势营销、口碑营销、跨界营销和饥饿营销。如何提升广告的传播效率其实是个很宏大的命题，但对于企业来说，其核心的技巧只需要从两方面入手：一是提高商品质量，二是精准洞察用户需求。

第一节 病 毒 营 销

一、病毒营销的内涵

顾名思义，病毒营销的传播速度如病毒扩散般迅速，可以在极短时间内扩散到数以万计的受众视野内。此外，此种营销手法是出于每个普通消费者自发的行为，在营销上的花费也较低。对于企业，能够精准地营造一场病毒营销可以起到事半功倍的效果。

病毒营销通过类似计算机病毒传播的方式，将营销信息发送到已有的在线社交网络上进行传播，从而提高产品知名度，吸引潜在用户，以达到最终的营销目的。病毒营销的本质是"攻心洗脑"，比基于客户需求的 STP 等传统理论更具侵略性；病毒营销的目标是"销售"，比 4A 广告公司的"忠诚度、美誉度"更现实有用；病毒营销的本质是"借势"，比虚无缥缈的"点子创意"更能花小钱办大事；病毒营销的驱动力是"社会心理学"，比单纯的玩概念、秀文案、做画面等更深刻、更系统和更具有穿透力；病毒营销的原则是"任何行业都是媒体，任何产品都是广告"。

病毒营销并不是说产品像病毒一样扩散从而实现营销，而是利用用户和其他受众之间的口口相传，使得营销信息像病毒一样扩散开来，这种快速复制的方式可以呈现几何倍数的增长效果，传向数以百万计的受众。病毒营销作为一种市场营销工具，具备非常强大的力量，它可以将自身的顾客转化为传播者，让公司和产品的信息得以快速复制与扩散。

二、病毒营销的特点

（一）病毒营销的时效性

病毒营销具有传播速度快、传播范围广的特点。病毒营销一般通过网络实现信息传播，传播速度极快，每个参与其中的自然人有时候只需要一个随手的点赞和转发，就能增加信息的出现频率。

> **典型案例 5-1**
>
> 微信小游戏"跳一跳"的走红
>
> 2017 年末到 2018 年，微信一款小程序游戏"跳一跳"突然走红。用户只需要打开手机微信，点击"跳一跳"小程序就能进入游戏，仅仅依靠手指的点触就能玩。这款游戏风靡社交圈，以至于一时间，在地铁、公交车等各种公共场合，都能看见很多人沉迷于这款游戏。与此同时，各大媒体平台也争相讨论这款游戏的内容。在该游戏走红后，其他微信小程序游戏也被人先后挖掘"出圈"，而与它同款的小游戏也相继被开发出来。但如今，该游戏已经过气，鲜有人提。

（二）病毒营销"病原体"的强吸引力属性

150 定律即著名的"邓巴数字"，该理论由英国人类学家罗宾·邓巴（Robin Dunbar）在 20 世纪 90 年代提出。该定律根据猿猴的智力研究与现今社交网络关系推断得出：人类智力允许我们拥有稳定社交关系的人数是 148 人，四舍五入大约是 150 人（图 5-1）。

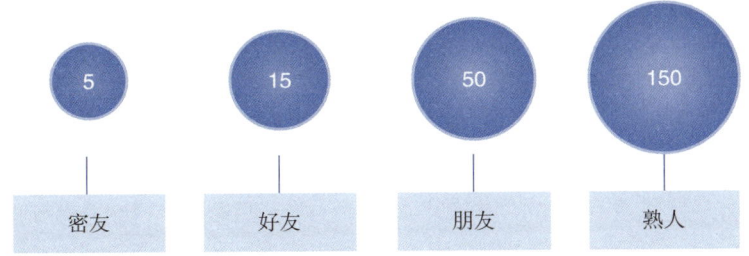

图 5-1 "邓巴数字"模型

"邓巴数字"这个实验实际进行了很多年，最早是通过观察灵长类动物的社交习性总结规律。罗宾·邓巴通过实际调查世界各地不同文化习惯下的人群，最后发现 148 这个数字符合 80% 人的社交人数。

根据"邓巴数字"规律来看，如果每 148 个人中，有一人主动在自己的交际网络中传播一则消息，那么这条消息马上就能被另外 147 人知晓，而当这则消息足够吸引人，引起了剩下的 147 人中几人的转发，就能够向更多的其他"148 人"分裂，在短时间内吸引百万人次关注。如果营销者赢得了一位顾客的好感，就意味着赢得了 147 个人的好感；反之亦然。因此，互联网企业要重视每个用户的需求与体验，重视每个细小环节，也就是重视每个用户背后的潜在客群，避免连带效应的负面影响。

从以上内容我们可以总结出，病毒营销的"病原体"具有强吸引力属性，其信息来源具有吸引力。并不是任何一个事件都能引起病毒营销，其信息携带体必须是能够引起大众反应的事物，这就要求营销内容符合大众普遍的情感共鸣、心理需求、个性诉求等，简而言之，成功的病毒营销必定有一个吸引人的噱头。

（三）病毒营销的其他属性

病毒营销除了具有吸引力强、速度快、传播范围广的特点外，还同时具有以下两个属性。

1. 性价比高

比如，"跳一跳"小游戏只有游戏开发成本，在宣传上几乎没有投入，但伴随着微信小程序功能的推广，这款游戏被人们发掘出来，并且由用户自发传播开，成为当时现象级的小程序游戏。一般来说，一次成功的病毒营销往往可以取得"空手套白狼"的效果。

2. 时效短，更新快

类似"跳一跳"的小游戏基本上没有火过一年，这是因为网络产品的周期短，并且互联网上每天转载产生的信息量巨大，消费者通常是抱着看热闹的心态参与其中的。因此，营销者不能指望一次病毒营销能够在一个长周期里发挥效用，实际上，病毒营销只要能够引起一时的轰动，那就算是成功了。

可见，成功的病毒营销历时短、见效快，投入产出比高，但其实并不容易做到。病毒营销最重要的环节在于策划热点，要想找到热点，营销人员可以从以下四个方面来考虑。

第一，营销需要提供有价值的产品或服务。简单明了的利益输出是最直接、最能吸引消费者的方式，就像支付宝的"锦鲤"营销一样，只要用户转发就有可能获得免单机会，大多数民众面对这种利益诱惑都很难抗拒。由此，众多人的踊跃参与引发了一场全民狂欢，继而吸引来更多凑热闹的人。但营销内容不仅要提供产品和服务，还要具备实用性，满足人们猎奇、看热闹、追求个性、寻求内心共鸣等心理需求，这样才能获得更多的关注。

第二，一次成功的病毒营销需要关注人们的内心情感需求。现代社会人们生活节奏快、精神压力大，需要一定的途径和出口来宣泄和释放负面情绪。虽然一些资深游戏玩家对"跳一跳""合成大西瓜"这类小游戏不以为意，认为它们的游戏性不高，玩法幼稚，但实际上，参与这种游戏的消费者并不是看重它们的可玩性，反而是因为这类小游戏操作简单、占用时间少，能够满足在碎片化时间里放松自己的需求，并且还能衍生出社交谈资，满足人们的社交情感需求。

第三，营销需要借助简单、利于传播的表达形式。现如今互联网能提供多种多样的传播工具和平台，而这些平台是以文字和视频为主要载体的。因此想要取得良好的营销效果，宣传文案要新颖、简单、用心、易于识记与复制，而视频要足够具有特色、容易模仿，这样更能引起用户的从众效应，产生二级传播。

第四，利用公众的积极性。最能引起公众积极性的话题，除了上文提到的为用户提供一定利益的内容，还有公益宣传。得益于网络的发展，当下的"正能量"也能够更好地传递到每个互联网用户。很有名的ALS冰桶挑战赛就是利用了公益深入人心这一点来进行推广传播：用户发布用冰水浇遍全身的视频，并邀请三个好友接受挑战，被邀请的人必须在24小时内接受挑战，或者为"渐冻症"（肌萎缩侧索硬化）患者捐款100美元。这个挑战的主要目的正是呼吁社会各界人士向"渐冻症"患者奉献爱心，而如此有趣的活动自然吸引了很多人的关注，一时间"冰桶挑战"风靡全球，从营销角度上看可谓卓有成效。

综上所述，想让人们自发地为产品摇旗呐喊，企业必需要让他们从内心深处认定这样做值得、有趣。所以，病毒营销的实质是商家与大众之间的一场心理和情绪上的博弈，准确把握用户的心理和情绪，才能做好营销活动。

第二节 粉丝营销

一、粉丝营销的内涵

在粉丝经济的驱动下,高流量 IP 代言、KOL 营销以及粉丝营销已经成为当前主流的营销趋势。粉丝营销是指企业利用产品或企业知名度拉拢庞大的消费者群体作为粉丝,利用粉丝相互传导的方式,达到营销目的的营销行为。粉丝经济以情绪资本为核心,以粉丝社区为营销手段,以消费者为主角,由消费者主导营销手段,从消费者的情感出发,企业借力使力,达到为品牌与偶像增值情绪资本的目的。

粉丝形成了一种参与性文化,这种文化将媒介消费的经验转化为新文本、新文化和新社区的生产。

互联网大大降低了内容生产者与粉丝互动的成本,文化产品的生产成本也在下降。但最大的转变并不在于技术,而在于文化艺术工作者建立观众基础和向粉丝销售产品的方式。将内容传递给粉丝的成本已经低到难以置信,无须花费多少钱,内容生产者就能借助手机、网站、音乐流媒体服务和许多其他技术,迅速将内容传递给广大用户。找到那些喜欢产品并愿意为他们认为有价值的产品付钱的粉丝,也比以前更容易了。由此可见,粉丝营销是由拥有广泛受众的平台所引领的一种营销模式,建立在受众对于偶像的喜好与认同感之上,再借由文化创意等产品实现变现。

二、粉丝营销的要素

(一)产品功能与明星形象相匹配

每个成熟的产品都会体现出其特有的气质,释放出其特定的信息,并时刻吸引着爱好这种气质的人们。对于明星而言,亦是如此。他们经过长期的形象包装,塑造出特定的人物形象,也就是所谓的人物设定(以下简称人设)。在明星的光环下,喜好这一类人设的人群,犹如爱好灯光的飞蛾一般,纷纷展翅聚集在一起。

企业产品推给特定的人群,明星人设吸引特定的人群,如果两类人群属性相似,双方将成为一条完整的逻辑链。将明星吸引过来的特定人群注入他们有概率会认可的产品上面,使企业实现产品推广和品牌建设的目标。对于明星而言,流量体现他们的价值;对于企业而言,这是标准的流量变现操作。保证这项组合成功的首要条件就是两类人群属性相似，否则会适得其反。

（二）创立话题争议，完成品牌传播

把握粉丝人群与企业目标人群的共同性，是转化粉丝经济的首要条件。明星承接某项代言之后，产品与明星之间的"话题性"是其传播的第一推动力。传播的主角是话题，传播的载体是代言人。产品因明星而吸引了相同的目标人群，而这类人群或多或少拥有相同的价值观，在传播的过程中，相同的价值观是传播的必要条件。为何偶像能够为传播提供如此大的能量呢？主要原因就是粉丝的参与感。网络上激烈的讨论往往会扩大偶像相关话题的影响力，从而产生话题裂变，生成更多的话题。

（三）口碑引导转化

明星人设为产品提供了一定程度上的信任基础，也提高了产品的知名度，然而，用户的正向反馈才是产品成功的根基。只有用户使用产品、认可产品，企业才可以靠产品口碑吸引关注。

传播与产品口碑之间是存在先后关系的，明星的粉丝效应为产品的传播提供了便利，但真正成功的关键在于口碑的积累。产品口碑引导之前传播积累的流量，促使其转化。用户反馈和产品口碑积累解决的是流量的变现过程，这是产品体现粉丝经济价值的关键步骤。

（四）人群扩散，从粉丝到所有群体

仅仅依靠代言人的流量，无法将产品的营销优势发挥到极致。举个简单的例子，产品的目标人群数量与明星粉丝人群数量相比，一般是产品大于明星。从人群维度上考虑，限制粉丝数量发展的因素有很多，年龄、地域、工作、家庭等都会影响粉丝群体的上限，而产品需要发展更多的潜在客群，裂变与扩散也就显得很有必要。

根据人群扩散的动力不同，可以将人群扩散分为两类：功能人群扩散和明星人群扩散。功能人群扩散是指通过增加产品功能，丰富产品形象，从而扩大人群基数。明星人群扩散的逻辑与粉丝经济最开始的运营逻辑相似，就是通过更多数量的明星来带动多个粉丝群体，以达到大范围传播的效果，使传播实现多点扩散。

第三节 事件营销

一、事件营销的内涵

发起事件营销的行为主体一般为企业，内容为营销者利用近期影响较大的社会事件，结合产品或者服务的特质，制作与热点相关的营销内容以提高曝光度，以期提高产品知名度、美誉度，最终达到提高销量、获得盈利的目的。

从市场营销学的观点出发进行分析与解释，事件营销就是企业通过对内外部资源的整合配置，将当前的热点事件或者活动进行包装，融入企业自身的产品和服务，形成能够吸引消费者眼球的新热点和新话题，其最终目的是树立企业良好的社会形象，形成品牌效应，从而提高销量。

二、事件营销的特点

（一）低成本，高回报

事件营销是一种一本万利的营销手段，是低成本、高回报的经典营销模式，是企业在预算有限情况下的不二选择。

（二）信息更利于消费者接收

一次成功的事件营销往往会给自己套上"新闻事件"的外在形式，因此事件营销往往更能接近消费者，直达用户内心世界，也更利于商品或服务的宣传推广。

（三）事件营销的效果存在不确定性

事件营销最大的不确定性在于它的收效可能并不及时，甚至有时候短期内的事件营销并不会对产品一时的销售增长带来太大的帮助。事件营销带来的可能是根植于消费者内心深处的一个念头，这个念头可能在或远或近的未来以购买商品或服务的形式表现出来。

（四）传播更为迅速，传播范围更为广泛

事件营销与前文提到的病毒营销都具有二次传播的属性，因其包裹着新闻的"外

衣",人们对于其广告的本质并没有太大的抵触心理,容易引起二次传播。

(五)事件营销具有独创性

事件营销的独创性一般体现在营销者对于事件的利用和包装上。事件营销往往需要深入侧写相关事件的受众,并针对受众投放他们喜闻乐见的文化创意产品,因此事件营销具有独创性与不可复制性。

第四节 借势营销

一、借势营销的内涵

借势营销是广告营销方式的一种,通常是以借助当下热点人物或热点事件的方式来产生传播效应,从而达到商业广告宣传、提升品牌形象、拉动产品销售业绩的目的。借势营销是指在进行日常的营销活动时,将销售目的隐藏在活动过程中,在这样的环境下,消费者不但可以接收到喜闻乐见的广告信息,而且可以通过该方式愉快地接受产品。也就是说,借势营销是集新闻、广告、形象传播于一体的营销手段。其中最为典型的方法就是借助社会中具有影响力的人物、事件或影视作品等,将自己的产品信息通过借势创意进行信息发布。广告作品正是利用了这些引人注目的热点事件,才实现了对广告时机的捕捉,既博得了更多消费者的眼球,又和消费者产生共鸣,通过消费者自身所特有的传播影响力来提高品牌产品在市场上的占有率。

二、借势营销的要素

(一)借势营销注意事项

1. 平台

借势营销除了像事件营销一样需要好的创意外,还需要结合恰当的平台发声,合适的平台能够让企业的借势广告如虎添翼。

2. 把握时效性

能够为营销者所借势的内容一般时效性短,热点事件可能只会被热烈讨论几个小时,而企业所要做的就是把握这几个小时的黄金营销期,敏锐地挖掘出相关产品或服务与热点相关联的部分，在民众对该热点兴趣度达到最高值时投放出去。

3. 广告词是关键

目前主流媒体内容推送链接的一般呈现方式为：一张像素比较低的模糊图像，再配上关键文字信息。借势营销主体应该把握以上两个要素，挖掘出有创意、博人眼球的文案，选取最适合、最贴切此次所借势的热点事件的图片作为推送主图。

（二）借势营销的新趋势

纵观近几年借势营销的成功案例，可以总结出以下几点借势营销的发展趋势：①借势营销的表现形式更加多变；②互动成为借势营销的常态；③每位用户对于特定信息的注意力在下降。这三点是从借势营销的创意表现形式和对用户行为逻辑的推断总结而来的。

为了应对以上三点变化，企业或营销者应该顺势而为，可以采取以下应对策略。

1. 唯快不破

这里的"快"指的是速度快，包括快速甄别海量的热点事件以选取最适合企业的营销方向；快速作出决策并设计配套创意与文案；快速发布，抢占先机，先声夺人。基于"快"的原则，在进行借势广告创意策划前，可密切关注借势热点的性质，抓住时机，提前策划，这样可以在热点一出现就快速发布信息。比如，大型的体育赛事、活动事件、节庆等都是可以预知的，基于此可以提前做好一切借势广告设计准备，抢占最佳宣传时机，快速发布广告，引起受众高度关注。

2. 精益求精

这里的"精"指的是精心制作的创意文案、精确挑选的借势内容以及精准定位的品牌产品或服务的形象。唯有抓好这三点，才能有效地传递正面的企业形象。相反，如果草草了事，不深入斟酌企业自身形象与借势内容的关联度，就会在借势准度上出现偏差，给营销活动带来负面影响。

新媒体时代成功的借势广告创意，应建立在科学地运用广告学相关理论和有针对性地制定相关创意策略的基础上。借势广告创意策略，通过巧妙的创意表达，将富有内涵的、精准的借势广告信息传达给受众，让受众对其所需信息形成较高的关注，激发其购买欲望。借势营销对营销人员有更高的专业要求与素养要求，营销人员对产品调性与受众认知的把握也是影响借势营销效果的主要因素。

第五节 口碑营销

一、口碑营销的内涵

口碑营销，可以简单理解为购买并使用过产品或服务的消费者，将对品牌的好感度传递给其他消费者，并以此来对其他消费者的购买决定进行干预的行为模式。可以说，口碑营销这一模式古已有之。传统的口碑营销主要是通过亲朋好友间的语言沟通来进行商品信息传递的，因为亲朋好友间天然具有较高的信任度，所以此种获得优质商品或服务资源的途径能够更显著地影响消费者的购买行为，这一过程我们也可以视为消费者行使"商品质量监督权"的过程。对于企业而言，大多数企业过去也会通过营销媒介或是借由销售人员的推销行为来推广商品或服务，但此种由商家发起的单向推销行为很难被消费者接受，甚至会引起一些消费者的反感，因为这种浅层次的传播很难满足消费者的心理预期。因此，企业在营销手法推陈出新的过程中，发掘出了口碑营销的优势。口碑营销不仅保持了以往口口相传、建立在良好信任基础上的模式，更增加了商家作为"被监督者"的信息"反馈收集权"，商家能够利用反馈数据做出产品或服务上的调整，以此形成一个正向的监督循环机制。

典型案例 5-2

国产动漫电影营销策略

作品的口碑是直观评判作品优劣的标准之一，观众观看作品后形成的口碑对电影营销至关重要。口碑营销是发声、传播、评价的循环过程，1999年，美国电影《女巫布莱尔》首次将口碑营销运用到电影宣传中，其核心目的是使目标群体认同并自发打造电影口碑。电影作品的口碑营销是制作团队借助第三方发声，前期通过不同平台渠道进行扩散传播，后续进行追踪互动的营销方法。新媒体时代，电影作品的口碑营销和作品宣发团队关系紧密，如何利用第三方发声，以及如何扩大传播的平台范围，是电影作品宣发团队必须解决的问题，也是不同电影发行公司之间的资源比拼。有著名导演、大型电影制作公司参与的电影作品，不仅拥有强大的院线资源，宣发团队在作品宣传时在媒体话语权上也占据绝对优势。一些独立电影制作人的作品，往往没有宣发团队，或是宣发团队能力较弱，很难搭载上受众广泛的传播平台，也不容易找到适合合作的第三方媒体。

动画电影《罗小黑战记》是导演木头的作品，木头本人也是该作品的编剧，主要制作公司是导演自己的公司，主创团队是网络连载动画短篇的团队。电影共有三家联合制作公司，其中北京卓然影业公司是电影的发行方，这家2014年成立的电影发行公司拥有完整的宣传和院线发行营销团队，但是比起华谊之类的大型电影制作公司，在院线排片率上仍缺乏优势。《罗小黑战记》的线上宣传渠道主要是以官方微博账号为主，经过多年的网络动画短篇连载，官方账号拥有稳定的粉丝群体，通过动画连载网站、明星合作、官方粉丝活动等形式，电影作品在固定粉丝群体中得到了大力支持，粉丝们也自发进行宣传。线下宣传方面，主创团队也去电影院站台宣传，配合电影周边衍生品贩卖、著名配音演员见面会等，一定程度上扩大了宣传效果。在电影正式上映前的点映场，就出现了一票难求的局面。电影上映后，获得豆瓣8.3分、淘票票9.2分、猫眼9.4分的好成绩，上映一周便获得1.65亿元的票房收入，作品的口碑营销策略取得了不错的成果。

《罗小黑战记》的电影宣发团队在电影作品宣传过程中，首先稳固住原有的粉丝群体，接着将宣传目标对准"二次元"文化群体。利用罗小黑的形象宣传"萌"的话题，带动了不少"二次元"群体加入讨论，拓展了一部分"二次元"爱好群体成为潜在观众。在师父无限、木系妖族风息的人物形象上，也采取了在古典服饰中融入现代元素的方式，为"二次元"爱好群体在"同人"创作、角色扮演上提供素材，通过对作品的二次创作拓宽电影作品的传播广度。电影宣传营销时，宣发团队还搭了国产动画电影票房冠军《哪吒之魔童降世》的便车，通过作品中的同名角色哪吒进行联动，也借了"国漫崛起"的东风，在《西游记之大圣归来》《哪吒之魔童降世》等高质量国产动画电影刷新观众固有印象、观众对新的国产动画电影充满期待时加强宣传力度，进一步激发观众对电影作品的期待心理。

（资料来源：夏永春，《国产动漫电影营销策略探究——以〈哪吒之魔童降世〉和〈罗小黑战记〉对比分析为例》，《出版广角》，2019年第24期）

二、口碑营销的要素

（一）产品

在移动互联网时代，口碑营销为很多企业带来了巨大的商机，但如果企业没有为产品做好硬件支撑，口碑营销依然不能实现其最终价值。好的产品能够零成本地为企业带来好销量，而坏的产品则会带来负面的影响，这是毋庸置疑的。因此，企业如果想要通过口碑营销这一宣传方式来推广产品或服务，就要打造出让用户认同的好产品，这样才算是拥有了口碑营销的初始资本。

（二）传播因子

口碑营销的传播因子就是能够让用户口口相传的某个信息点或要素。一个产品往往具有很多属性，比如家喻户晓的旺仔牛奶，作为一款牛奶饮品，它兼具了好喝、有营养等属性。而企业在进行口碑营销时，需要抓住产品最吸引消费者目光的因素去传播，这就是传播因子，传播因子的作用如图5-2所示。

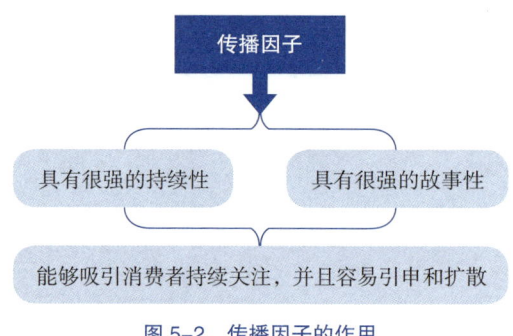

图 5-2　传播因子的作用

（三）传播渠道

企业想要形成口碑效应，就需要选择合适的传播渠道进行产品推广。传播渠道的选择主要由产品目标用户群的特征决定。一般企业在做口碑营销策划的前期，就要提前找准企业目标用户群的定位，为其核心消费者进行消费者画像，抓住消费者的主要兴趣点，规划出主要传播渠道。只有这样，才能在传播的过程中通过渠道入口做好用户分类和数据分析。

三、引发口碑效应的策略

企业想要在激烈的市场竞争中最大限度地发挥口碑营销的价值，就需要学会打造口碑营销的内容，打造口碑营销内容的方法主要有以下五种。

（一）制造话题

话题，尤其是热门话题，是最容易引起口碑效应的内容。运用话题进行营销，能够起到很好的推广品牌和产品的作用。想要获得足够吸引人的话题，有以下两种方式：围绕、结合社会热点制造话题；针对用户的喜好与需求引导话题。但当采用话题营销策略来进行移动互联网产品推广时,要注意话题的可控性。一定要对产品品牌做正面引导,不能引起用户对产品的负面情绪,比如,借助公益这一话题可以让消费者对品牌产生良好的印象。

(二)提出"痛点"

企业想要吸引消费者的注意,就需要抓住消费者的"痛点"。"痛点"是指消费者在生活中碰到的各种急需被解决的难题。而在口碑营销中,企业需要做的就是将消费者的"痛点"通过一句广告词表达出来,然后给予相应的解决方法。这样的广告台词必定会得到消费者的注意,并形成口口相传的效应。

比如,王老吉的一句"怕上火喝王老吉"堪称经典。"上火"是人们在生活中常常会遇到的问题,王老吉的广告台词以"怕上火"来点出困扰消费者的问题,再以"喝王老吉"来解决消费者的困扰。此举在当时获得了很好的营销效果,瞬间形成口碑效应,让王老吉品牌一炮而红。

发现并抓住消费者的"痛点"是一个很好的口碑营销方式,企业可以以这个"痛点"为切入点,找到解决"痛点"的方法,并且将方法和企业产品联系在一起。寻找消费者的"痛点"是一个需要长期观察、挖掘的过程。一般来说,企业可以从以下两点出发找到消费者的"痛点":企业需要对消费者的消费心理有充分的解读;企业需要对自己的产品和服务有充分的了解。

(三)广告语或广告创意给人以新奇感

新颖的事物总是很容易吸引人们的目光和注意,尤其是在移动互联网时代。当人们遇到新鲜的事物时,总会情不自禁地拿出手机,然后将自己遇到的事物记录下来并进行传播和分享。所以如果企业想要制造一个能够引起口碑营销的信息点,可以从人们的新奇感出发。

(四)讲述故事

故事类的文章最能吸引用户的注意,这里的故事指的是那种贴近用户真实生活场景的故事。这样的故事可以最大程度地引起用户的共鸣,从而引发用户的自主传播。

(五)利益诱导

通过利益引起口碑传播效应也是一个可行的方法。比如淘宝的"双11""双12"购物节活动,就是通过打折促销的形式,促成了口口相传的口碑效应。

第六节 跨界营销

一、跨界营销的内涵

跨界是指突破原有行业惯例,通过嫁接其他行业价值或全面创新而实现价值跨越的企业或品牌行为。所谓跨界营销,就是指依据不同产业、不同产品、不同偏好的消费者之间所拥有的共性和联系,把一些原本没有联系的要素融合、延伸,彰显出一种与众不同的生活态度、审美情趣或价值观念,以赢取目标消费者的好感,从而实现跨界联合企业的市场最大化和利润最大化的新型营销策略。

跨界营销不完全是顾客导向或竞争导向,而是根据目标消费群体的主流生活方式的变化,来确定品牌所要传播的消费理念及所要树立的品牌形象。具体来说,跨界营销是两个或两个以上的企业行为主体,在产品、经营、服务、渠道或生产上合作,互相交换经营资源,以实现多方共赢,并增强品牌协同效应与在不同领域的影响力的营销战略。

品牌推行跨界营销,不仅可以借助合作品牌的定位及形象产生晕轮效应,使消费者对本品牌产生好感;还能通过联合研制及销售跨界产品,接触和影响合作品牌的消费群体。

跨界营销对信息体验、娱乐体验和关系体验均有显著的正向影响,同时,联动可提高顾客价值、社群价值和社会价值。跨界营销要创新多种跨界方式,提升跨界内容的娱乐性和趣味性,并通过整合各种营销方式扩大营销的声量和影响。

二、跨界营销的要素

(一)以用户体验为中心

"互联网+"时代,万物竞发,人们的物质条件和精神文化需求都得到了极大满足,但对于单一用户来说,伴随而来的是信息爆炸的困境。用户面对大量以碎片化形式呈现的商品信息,难以作出选择。而跨界营销能够集合多方优势,帮助用户多角度、多渠道地接触商品信息,从而达到传播目的。

为了实现这一目的,营销人员应该遵守一个原则,那就是以用户体验为中心。围绕这一原则,目前已经诞生了"大数据人物画像""消费者侧写"等用户分析模型,前者是以海量数据为支撑,后者则是对有感情、有温度的个体进行精准定位,将二者结合,就能精准把握多方借势营销的主体用户。把握不同消费群体的某一关注点，精准把握各领域的垂直需求，便可以做到市场细分，从而培养用户的好感度与忠诚度。

（二）品牌合作，创意为先

"互联网+"时代的到来，使得各商品类目都进入了白热化的竞争平台期，产品的同质化愈发严重。在实施跨界营销时，营销主体除了可以对消费者进行侧写，还可以发掘自身跨界营销的创意，来自不同赛道的商品的合作本身就是一件引人注目且充满创意的事情。

第七节　饥饿营销

一、饥饿营销的内涵

在日常的购物消费中，我们经常能够遇到以下场景：新房认购需要交定金后再排队认筹，新婚酒宴场所需要提前一年排队，热门型号手机需要发动亲朋好友一起去抢，限量款鞋一秒售空等。我们明明正处在一个物质极为丰富的时代，但在碰到一些受热捧的商品类目时，我们仍然需要排队，等着领取一张自己的"号码牌"。这往往不是因为这些类目资源匮乏，而是商家故意为之。至此，我们可以引出饥饿营销这一概念，饥饿营销是指商品生产者和提供者为了扩大品牌影响力，获得或维护较高的销售额和利润，调控供求关系而故意把产量压低，营造供不应求的"假象"的一种市场营销策略。它被广泛运用在商品或服务的商业推广中，尤其在高档、珍贵的奢侈品行业被普遍采用，主要目的就是提高产品或品牌的关注度、知名度和附加价值，树立一种具有强大号召力和影响力的品牌形象。深入分析此种营销方式的底层逻辑，可以归结为是消费者的"逆反心理"在作祟，在这里需要引入心理抗拒理论。心理抗拒理论是美国心理学家莎伦·布雷姆（Sharon S. Brehm）在1966年提出的。该理论表明，人们具有对那些限制自己自由、能力的力量做出反向对抗的倾向，这种反抗的冲动会随着外力的增大而增强，就像一对作用力与反作用力。因此消费者的购买行为越是受到限制，他们就越想要得到该商品，商家也就能够在短时间内增加产品的销量，并且时常还能够获得消费者对其商品宁缺毋滥的高品质赞誉。

饥饿营销的作用机制包括不可得性、存货售完等方面。产品的不可得性来源于商品的稀缺性，如果一个产品用于炫耀性消费，相对于高需求导致的稀缺性，低供给导致的稀缺性更有利于提高产品的估值；如果用于非炫耀性消费，则高需求导致的稀缺性更有利于提高产品的估值。存货售尽，通俗来说，意指消费者在某一产品销售一空后，不愿意采取购买同类产品作为备选，而是甘愿等到下一次该商品补货再购买的行为。当饥饿营销策略的实施规模相对较小时，有助于延长产品的生命周期，保持产品质量和价格的稳定。

二、饥饿营销的要素

美国心理学家爱德华·德西（Edward L. Deci）和理查德·瑞安（Richard M. Ryan）在他们提出的自我决定理论中认为，获得自己与他人相关联的感觉是种合理合法的精神需求，并且这种需求直接影响精神健康。因此人们往往会对"错失"怀有恐惧：害怕错失了大众都知道的热点，害怕没能获得与群体交流的谈资，害怕落伍和不合群，害怕被时代抛弃。当大众在社交媒体上反复看到"出圈"产品或相关内容，处于不了解、不喜欢或不购买状态的人往往就会产生焦虑情绪。这种精神需求，正是饥饿营销的直接驱动力。

饥饿营销的要素包括以下六个方面。

1. 良好的企业形象

对于饥饿营销来说，品牌背书是基础，企业美誉度是保证。比如，国产手机品牌小米引起饥饿营销抢购风潮的基础就是其过硬的产品质量和消费者对其较高的品牌认知度。

2. 优异的产品质量

有良好的企业形象背书，但如果产品的质量不过关，也无法吸引消费者。营销手法多种多样，但归根结底最能够打动消费者的还是产品质量，产品质量是产品不可代替性的集中体现。设计新潮、质量上乘的产品，不仅可以激发消费者的购买欲望，甚至还会引发抢购热潮，让消费者产生"非它不买"的想法。

3. 宣传造势

饥饿营销相较于其他营销方式，其最有特点的内核通俗来说就是"吊消费者胃口"，这就需要在宣传造势上提前做好充分准备与铺垫，可以选择性利用制造悬念、烘托氛围、定金认购等营销手段。但需要注意的是，"吊消费者胃口"需要把握好程度，过分地"吊消费者胃口"只会使消费者丧失信心，起到营销反效果，得不偿失。

4. 合适的周期与准确的时机

信息的不对称以及产品的独创性是能够成功实施饥饿营销的关键。在某一种产品进入市场初期，它面对的是广阔的商业蓝海，其他同类目的竞品相对较少，消费者对此类产品的认知相对不足，因此产品较容易引起消费者抢购。企业应该积极开发新的产品类目，把握最优的饥饿营销时机。

5. 准确的市场容量预测

在把握了饥饿营销的时机与产品内容后，企业还需准确掌握市场对产品的容量，因为企业的利润为销售收入减去生产成本，因此价格高低将成为产品利润多少的关键。消费者对于商品一般有一个初始的预估价格，这个预估值的高低决定了企业制定饥饿营销的空间大小。价格上涨后，如果消费者对这个价格的接受量的降幅多于价格的涨幅，企业就无法实现利润目标。所以，在实施饥饿营销之前，营销主体应进行广泛的市场调研，科学推算、准确预测市场对产品数量和价格的容纳量，采用最合理的定价及出货量方案。

6. 售后服务与客户体验

饥饿营销的营销模式与常规营销相比，天然地给消费者一种心理上的"被控制感"，因此，长期实行该营销手段可能导致消费者信心疲软，建立好兜底机制就愈发重要。兜底机制可以是完善售后服务与客户体验，也可以是保修期的延长与配套设施的建立等。

本章小结

本章介绍了全媒体营销近几年热门的七种营销手段，并抽丝剥茧地分析了每种营销手段的原理与方法，阐述了每种营销手段适配的具体营销场景。新媒体的介质日新月异，新的营销方式层出不穷。作为媒体人，应当不断与时俱进，将全媒体的底层营销逻辑——"消费者洞察与产品质量两手抓"，与新的营销渠道、营销手段相结合，不断更新技术，做到推陈出新。企业应该认真做好所处发展期的阶段性工作部署，稳扎稳打，步步为营，在实事求是的基础上，再做到开拓创新。

第六章

全媒体营销生态链

学习目标

理解并把握全媒体营销生态链的特征、内核、关键属性和价值；认识媒体营销联盟的基本概念；从品牌、媒体、用户视角了解媒体营销联盟存在的缘由及其价值；识记迭代思维、整合思维、竞合思维、底线思维和向善营销思维等思维模式的定义、特征和营销应用场景。

关键术语

闭环营销；媒体营销联盟；竞合思维；差异化思维；向善营销思维

第一节 数字化营销3.0时代的闭环营销生态链

随着数字化营销进入3.0时代，在智能传播格局中，企业纷纷创新，转而进入"闭环营销生态链"赛道，为变革带来更多的可能性。

一、闭环营销的内涵

闭环营销中的"闭环"是指市场营销体系中各流程模块组成的循环，主要是指新产品从创意发端，到市场可行性调研，启动产品研发，再到新品成功生产、品牌传播、销售渠道构建、市场投放，进而消费者购买完成，最终收集用户反馈的封闭循环过程。在市场经济环境下的营销商战里，闭环营销主要聚焦市场营销与品牌建设两个领域的循环、互促和价值再造。

随着移动互联网的飞速发展以及生活水平的提高，用户的需求也在不断变化更新，消费者更加注重消费体验，原来单一的电商或社交功能已不能成为互联网企业的核心竞争力，很多企业面临用户流失、核心竞争力弱、线下营销很难转移到线上等诸多问题。

因此，在数字化智能传播格局中，企业为了自身的生存、发展，顺应市场变化，在传统营销原理的基础上进行创新和延伸，形成了闭环营销。所谓闭环营销，在数字化全媒体营销时代是指以用户为中心，通过提升用户对产品或品牌的黏性以及忠诚度，布局和建设的可自循环、自增长、可价值再造的、整个过程不存在平台间跳转所带来的用户流失率的闭环组合营销策略或营销生态体系。一方面，闭环营销模式有望提升用户对产品或品牌的满意度、黏性、信任度以及忠诚度，进而大大提高用户再次选择该产品的可能性，以此形成一个封闭循环的有机、良性生态链；另一方面，闭环营销模式通过使用互联网技术，在与用户的互动沟通过程中形成精准的用户画像，洞察用户"痛点"，优化用户体验，创新改造品牌的运作规则，形成闭环营销生态链，实现商业模式变革。智能传播格局中，闭环营销的核心是共创共享。

二、以支付为核心的微信移动生活场景闭环营销生态链

以支付为核心的微信移动生活场景闭环营销生态链体系如图 6-1 所示，下面结合各环节要素展开说明。

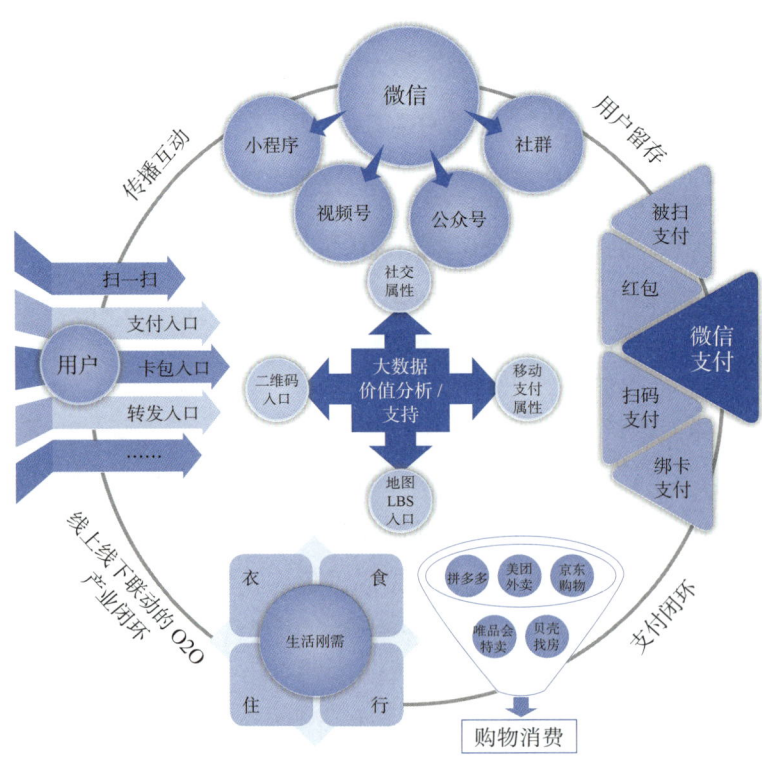

图 6-1　以支付为核心的微信移动生活场景闭环营销生态链

（一）支撑微信生态闭环的关键属性

微信是闭环营销生态链建设的典型代表。微信的闭环型生态以其社交属性和移动支付属性维持运转，形成了以微信支付为核心的移动生活场景生态圈，将社交、电商、支付及生活类服务等功能聚集在微信平台上，凭借庞大的用户数量和高黏性，加强线上与线下的联动最终形成O2O（online to offline，即线上到线下）的闭环，产生闭环效应。整个过程不存在任何平台跳转所带来的用户流失率，从而保证了微信能够做到价值变现并有稳定的利润来源。二维码和LBS是支撑微信生态闭环的关键接入口，能保证利用平台的集聚效应把多种功能聚合起来。

（二）支撑微信生态闭环的类型

1. 生态化的交易闭环

微信通过移动支付功能将线上用户吸引到线下去消费体验，而线下的消费最终会反馈到微信平台运营端，微信运营方对整个流程能做到最大限度地把控，掌握用户的核心信息和数据，这是价值的根本来源。用户使用微信支付进行消费，享受各种生活类服务，极大地提高了收付款效率，形成生态化的交易闭环。

2. 生态化的产业闭环

微信通过社交属性、支付功能让美团外卖、拼多多、京东购物等第三方电商平台入驻，扩展了微信产业生态。用户能够更便捷、更高效地使用微信支付进行网购，形成线上线下联动的O2O产业闭环。

（三）支撑微信生态闭环的功能

1. 移动支付——核心功能，提供商业场景云购物解决方案

移动支付是微信生态闭环最核心的功能。串联微信生态闭环的关键功能是微信钱包，不管是商品买卖，还是生活服务，都离不开微信钱包，且由此形成的便捷支付使微信的功能更具有吸引力。

目前，微信支付可应用于绝大多数的生活场景，只需在微信钱包存款，或将微信账户绑定银行卡，就可以在微信的公众号、小程序、视频号以及线下收银台简便、快捷地完成付款，使线下消费又返回到了线上，从而为商业场景在手机中的市场经济活动打造了闭环营销。

2. 生活服务——便捷、即时，维系用户忠诚度

基于移动支付的功能，用户可通过微信享受各种生活服务，服务面覆盖用户生活的吃、穿、住、行等方面，比如，微信服务里的"生活服务"已经从最基础的水电煤生活缴费、手机充值延伸到了城市服务的社保、公积金、看病就医等各个方面。微信生态闭

环的这一功能使微信用户的生活效率得到极大的提高，微信从源头上挖掘用户"痛点"，为用户解决了生活上真正的问题，这也是微信能够保证高用户量、高忠诚度、强黏性的重要原因之一。

3. 电子商务——直接变现，维系用户强黏性

随着微信视频号上线，微信已形成以"小程序＋公众号＋视频号＋社群"为主线的电商生态矩阵。一方面，微信本身的公众号、视频号、社群、小程序等自媒体纵向矩阵促成直接交易，当粉丝积累到一定量级之后就会形成纯商业变现，一些粉丝数量较多的公众号、视频号的运营者可能只需要在自制内容里附上购物链接，就能引导用户进行消费。另一方面，第三方电商平台入驻，同样使用户可以直接通过微信的窗口完成在一般App上的购物过程，形成最终的交易闭环。

4. 社交通信——满足刚性需求，减少用户流失

互联网最大的价值是形成了人与人互联或人与服务互联。社交通信是微信最基本的功能，微信生态闭环的构建其实是对传统通信功能的扩展。用户可以经营自己的微信群和朋友圈，可以通过微信钱包进行转账或支付，在这样的生态闭环下，用户不需要任何平台的跳转就可以满足自己的各项需求，维持正常的社交和生活，微信由此减少了用户流失。

（四）生态闭环的影响

1. 对微信自身的影响

依托微信支付，整个生态闭环营销得以实现，保证了微信运营方持续不断的利润来源，又促进了用户规模进一步扩大。相较于以往单一的社交通信功能，生态化的构建为微信谋求了更多的发展机会，它可以通过广告、平台接入、公众号、视频号、小程序的运营等多方面盈利。在当今竞争激烈的网络经济时代，微信依托闭环营销生态链提升了其竞争力。

2. 对品牌的影响

一方面，在微信闭环营销生态链的链接下，众多商家纷纷与微信合作，接入了微信支付，获得切切实实的商业利润。这些商家接入微信支付后，用户的消费更加便捷高效，商家借助微信庞大的用户数量获得稳定的收益来源。

另一方面，微信闭环营销生态链影响着企业的营销方式。比如，绝大部分企业或品牌都开通了自己的微信公众号、视频号，通过内容制作或营销活动，触达目标用户群体，刺激销售，最终促成交易。

平台生态闭环化是为了留住用户，自然也会对流量变现的主体之一——品牌提供更多扶持和服务，主要是给予交易成本、电商活动甚至资源倾斜，以便与品牌建立互信关系和长期合作。

对于品牌来说，越早融入生态链越能抢占更多来自平台的扶持资源，因此品牌方积极融入。一是探索平台的线上营销逻辑，并在平台上积攒内容、声量和粉丝。二是平台的内容生态更有助于挖掘品牌用户并与之深度沟通。三是平台不断加强自己的购物链路和体验，提供更高效的获客工具，帮助品牌实现更好的品效合一，以更高的投产比实现最终销售。

总而言之，对品牌而言，在数字营销大环境中，依然讲究精准定向，整合社交、门户、搜索、视频等多方面的资源才可提高精准性。经过精准定向，进行足够的曝光，最终实现营销目标。因此，质与量依然是每个品牌投放的根本诉求。

3. 对用户的影响

用户是微信闭环营销生态链的直接受益者，主要体现在微信闭环营销生态链提高了用户的支付及生活效率，为个人生活带来极大的便利。作为微信闭环营销生态链的核心，微信支付适用于线下绝大多数的消费场景，用户可以直接通过微信这一平台来满足自身各种生活服务的需求，进行支付时不需要跳转其他网站，同时微信朋友圈的私密社交属性使用户与他人建立强有力的联结关系，其自身的感知利益得到提升。

三、以社区分享见长的小红书闭环营销生态链

以社区分享见长的小红书闭环营销生态链体系如图 6-2 所示，下面结合各环节要素展开说明。

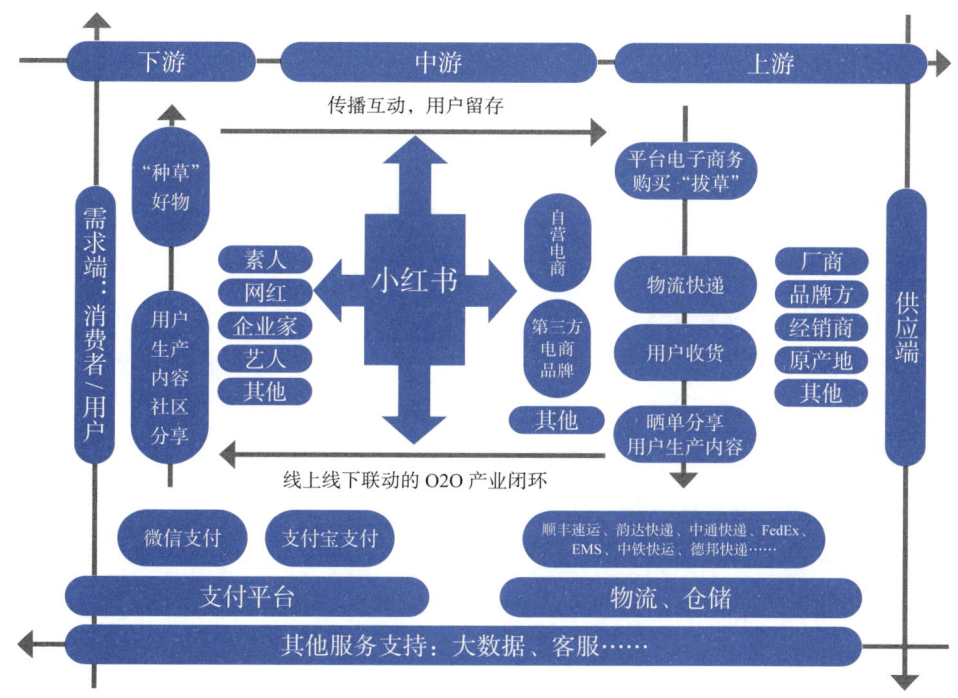

图 6-2 以社区分享见长的小红书闭环营销生态链

（一）支撑小红书生态闭环的关键属性

小红书以社区分享特征见长，以用户生成内容（user generated content，UGC）为主，用户通过图文、短视频等形式进行碎片化分享，记录生活。利用自身的这一特色，小红书通过"社交+品质+商业"模式很好地解决了"买什么、哪里买、多少钱"的问题，并以此为切入点，成功开辟了市场，通过 UGC 吸附消费者，形成自己的社区型闭环营销赛道。

（二）支撑小红书闭环营销生态链的类型

1. "生活内容生产+社区分享+商业"闭环营销

用户通过图文或视频记录自己的生活片段，碎片化铺陈在小红书各主题社区，浏览者进入小红书，看到一个个故事，对有共鸣的内容，浏览者或关注或收藏或分享，最重要的是产生购买欲望，希望拥有相同的商品。依据大数据算法推荐，小红书电商平台为浏览者提供其可能有购买意愿的商品，形成"生活内容生产+社区分享+商业"的闭环营销。

2. 口碑闭环营销

"重体验、乐分享"是这一代消费者的显著特征，因此完成了购物动作的用户，自然进入"晒单分享"环节，小红书的口碑闭环营销由此实现，围绕"生活内容生产+社区分享+商业"，开启新一轮的良性自循环，实现口碑、营销双赢。

（三）小红书闭环营销生态链的特征

1. "用户内容自产+数据+大数据价值分析"——形成类定制的精准闭环营销生态链

小红书创始人之一在接受媒体采访时曾说："社区积累了大量的商品口碑和用户行为，这就像全世界有几十万的用户在帮小红书主动使用和发现新出来的好东西，然后有几百万用户用自己的行为来投票，这些数据可保证采购来的商品是受用户推崇的。"

小红书核心的部分是尝试通过"用户内容自产+数据+大数据价值分析"构建立体的用户画像，推出类似定制化的内容，通过"购物场景数据化""用户画像立体化""数据维度丰富化"等大数据价值分析，精准锁定目标人群，定制化推送产品，提升目标用户购买意愿，推进用户完成"逛社区""看笔记""种草好物""商城购买""晒单分享"等步骤。

2. "社区分享+电商淘买"——形成闭环社群平台

"首页""购物""消息""我"是小红书内容生产传播、商品买卖、互动分享和社交体验的闭环生态模块。

"关注""发现"和"附近"是用户打开小红书所见的首页页面，是小红书内容生产、传播的核心平台。通过"分享＋地图＋LBS"，用户可以浏览社区笔记，实时关注、收藏、点赞、评论、转发有共鸣的内容。借助"消息"功能，内容生产者可以实时看到点赞、评论、转发数据变化，从而及时与目标用户互动，提升用户黏性。而把内容转化为商品交易、促成购买的平台和入口无疑是"购物"模块，在这一模块，从用户便捷购物角度考虑，搜索栏处于顶部显要位置，商品栏以"品牌直降""福利社"等作为导航关键词，直接简洁，主题性强，功能明确，减少购物浏览时间成本，提升交易速度。实时分享是社交媒体最根本的功能，碎片化分享图文或视频笔记，这一"朋友圈社交"功能通过"我"这一模块实现。

四个模块闭环联动，电商数据和用户数据得以积淀，辅以大数据分析和精准营销，提升用户活跃度和黏性。

3. "邀约＋自营"——打造上下游闭环营销供应链

根据相关调查数据，小红书用户画像分析结果显示，小红书用户关注的内容主要为：美妆个护、美食、母婴、家居家装、服饰搭配、宠物和减肥健身。同时，用户更愿意相信普通人的真实消费体验，对新创品牌的接受度较高。

小红书通过大数据分析把握用户变化趋势，招商逐渐向小众化、个性化品牌倾斜，同时加快自营品牌建设步伐。不少境外新品牌也首选小红书作为试水中国市场的营销渠道。小红书通过邀约品牌入驻并结合自营品牌，打造上下游闭环营销供应链，具有一定成效。

（四）生态闭环的影响

1. 对小红书自身的影响

小红书的发展壮大得益于其社区属性，即通过生活笔记和主题标签分享生活方式，并基于兴趣、互动社交形成"种草"经济，由此形成品牌主营核心，有平台特色的电商零售新模式是品牌服务的延伸和拓展。如今消费日益社交化、精细化、精准化、个性化和"温度化"，就小红书来说，从成立之初到现在，定位精准切入当下消费的需求趋势，甚至某种程度上用其营销特质引领了消费发展趋势。未来，"社区＋电商"的闭环营销生态链依然会为小红书有力"造血"。

2. 对品牌的影响

用户场景化、体验式消费促使消费不断升级，主流电商平台纷纷转向"品效合一"的内容驱动，但基于 UGC 形成的"社交互动""社区分享""口碑传播"及"兴趣导购"等属性是目前综合性强、体量大的电商平台有所欠缺的。而小红书得益于用户内容生产、兴趣分享、互动社交形成的"种草"经济，形成具有平台特色的 B2K2C（business to KDLs to consumer）模式，即利用关键意见领袖连接品牌、企业和用户，构建具有商业价值的影响力闭环。虽然现在是社区、电商循环互促，价值再造，但小红书的经营核心一直是用户内容生产、社区社交，这一坚持夯实了小红书的商业优势，也是品牌和企业需要弥补的领域，自然对品牌有强大的吸引力。

3. 对用户的影响

对用户而言，小红书坚持的营销生态链聚焦有品质的内容生产，凭借社区和电商，打造"可共情""有温度""乐分享"的电商社群文化，借助大数据感知用户消费动态和"痛点"，形成个性化、情感化精准营销，优化用户社交体验。

第二节 媒体营销联盟

随着科技创新进程提速，品牌纷纷对营销策略进行更新迭代，以便在激烈的市场竞争中赢得商机。影响消费者购买的因素变得更加复杂，营销过程化管理也变得更加重要。

如何降低时间成本，让消费者以最简单、便捷的方式找到所需的商品或服务？如何帮助品牌获取最佳营销时机，降低营销成本？如何通过精准的信息推送影响客户决策，实现快速高效的营销转化？如何让品牌或企业降低投入成本，以小成本完成大获客，扩大品牌影响力？

有需求就有市场，面对这一系列问题，基于科技和速度的竞争使企业向多维度跨界合作联盟寻求发展，媒体营销联盟应运而生，成为企业提升创新的尝试之一。

一、媒体营销联盟的内涵

（一）媒体营销联盟的基本概念

媒体营销联盟是营销生态的一种呈现形式，是指企业或品牌依据媒介传播效果决定投入成本的营销服务模式，是针对企业或品牌以更低的成本、更精准的转化完成商业变现的"痛点"而提出的解决方案，是以企业全媒体营销获客管理为核心，通过智能导购、布局全媒体营销矩阵、线上线下融合式营销活动等方式，打通全媒体平台的用户资源，以更低成本实现更精准的用户洞察和营销管理。

媒体营销联盟的核心是依托全媒体布局，推进精准营销，实现营销决策的科学化、规范化、稳定化、标准化、模型化，在大数据的技术支撑下，让洞察、评估更准确，从而达到投放、监测、创意准确，解决企业品牌低价、精准转化的"痛点"。

（二）品牌、媒体、用户视角下的媒体营销联盟

1. 企业品牌视角

媒体营销联盟决策涵盖洞察、策略、创意、投放、监测和评估六大板块，针对性地解决营销行业的两大"痛点"：一是无法对比评估跨媒体投放效果优劣；二是难以了解转化真相，区分有效与无效投放，找到被浪费的营销预算。

2. 媒体视角

无论是电视媒体、户外媒体、广播媒体等传统媒体还是互联网新媒体，在数据孤岛及各自的数据评估体系下，企业、品牌无法判定各个媒体的传播效果，媒体也无法自证传播及转化效果。但全媒体营销联盟可以通过整合资源或技术搭载，比如标准化的媒体跨屏数据评估，为媒体争取品牌、企业投放提供更科学的数据标准。

3. 用户视角

营销信息爆炸的时代，影响用户购买的因素变得更加复杂。媒体营销联盟通过精准投放，对商品、服务等进行过筛、优选，减少用户筛选商品的时间成本；通过精准的信息推送帮助、影响用户判断，用户可因此快速决策，实现高效的营销转化。

总而言之，媒体营销联盟可实现从商业变现到用户需求的打通，让企业、媒体、用户多方共赢移动时代。

二、百度以内容为核心的媒体营销联盟

（一）百度以内容为核心的媒体营销联盟概述

百度以内容生态为核心建设媒体营销联盟，百家号是百度布局中的战略级产品，担负吸纳大量原创作者入驻、生产内容的功能。同时，百度也视百家号为核心分发渠道，和联盟伙伴及大量媒体组建起庞大的内容库。经过百度人工智能技术的分发，内容将会呈现在联盟伙伴的 App 中，吸引用户关注、浏览，延长用户使用时长，增强用户黏性，进一步激发联盟伙伴的深层营销价值。在此基础上，百度的广告客户将得到更加精准、大范围的投放效果，由此产生新的分成模式，内容创作者与联盟伙伴都将因此获利。

如今，此联盟已搭建起 18 个泛娱乐及垂直领域的内容频道，帮助联盟伙伴满足用户多维度的内容需求，提升用户活跃度及黏性，深耕场景化用户需求。此联盟不仅生产内容，也将服务场景与消费场景进行延伸，吸引企业或品牌进行场景化的策略性投放，为联盟伙伴及内容媒体带来更多分成。

不论是内容伙伴还是流量伙伴，只要成为联盟中的一员，百度将为其品牌塑造、内容合作等提供定制化解决方案；同时，百度的自有媒体与品牌核心广告库也对联盟成员

开放。双管齐下的策略，提升的不仅是这些伙伴的变现能力，也提升了他们在整个行业与市场中的竞争力。

（二）百度以内容为核心的媒体营销联盟特征

首先，百度拥有强大的内容聚合能力，其庞大的内容池基本覆盖全部行业需求。不仅百家号为联盟注入海量原创内容，联盟中也有大量伙伴承担着内容提供方的角色，将自有内容作为内容池的重要补充。

其次，联盟借助百度核心技术优势，通过人工智能进行用户标签化的大数据分析，实现精准的个性化推荐机制。通过大数据的积累与人工智能的深度学习，百度内容联盟针对用户的阅读习惯、信息获取渠道及兴趣爱好进行精准分发，进一步增强用户黏性，放大联盟伙伴的流量价值。

再次，联盟提供了 SDK、JS、URL、API 等多种接入方式供联盟伙伴选择。在满足媒体差异化内容管理诉求的同时，帮助联盟伙伴解决内容抓取及版权的相关问题，将运营成本尽可能降到最低。借助成熟的平台系统，联盟给合作方提供了更好的分润体验。

最后，从 PC 时代到移动时代，百度沉淀下比较强大的变现能力，为联盟伙伴提供比较有吸引力的广告资源，为联盟中的内容提供方及分发渠道方带来丰厚利润。

第三节　物联时代创新思维

互联网时代带来了技术的颠覆、价值观的革新和运营模式的转变，随着时代的发展，思维模式也需要与时俱进，创新发展。企业应当重新考虑营销要素，自驱动、自增值、自进化品牌竞争力。

一、迭代思维

"迭代"一词意为更替。企业或品牌在全媒体营销中引入迭代思维，可以兼顾自身和目标用户对品牌的认知基础和前沿发展，采取不断发掘用户意愿并加以优化的方式，使营销活动更精准、科学、有效，增强用户黏性，提升用户对品牌活动的分享意愿，从而扩大企业或品牌的影响力，甚至能起到提高销售额的作用。

典型案例 6-1

银联"诗歌 POS 机"中的迭代思维

通过银联"诗歌 POS 机"公益项目我们可以了解迭代思维所起的作用。

银联"诗歌 POS 机"这一公益性质的项目由中国银联股份有限公司冠名主办,项目主线为:用户使用云闪付 App、银联手机闪付、银联二维码或银联卡在银联诗歌 POS 机上捐赠一元钱,即能收获一张印刷着山区孩子诗歌的精美"小票",让孩子们通过自己的诗歌才华获得帮助。同时,云闪付也同步上线银联诗歌 POS 机小程序,用户可以通过小程序让孩子的才华被更多人看到。

这一公益活动于 2019 年 7 月 15 日启动,第一站为上海,后续城市分别为厦门、深圳、广州、成都、北京和张家界。

对比每一场"诗歌 POS 机"活动,可以清楚感知到这一活动中蕴含的迭代思维。

第一代"诗歌 POS 机"活动的特点主要是通过 POS 机进行诗歌小票打印。这是"新"与"旧"的组合,操作方式简单、毫不费力、没有门槛,但整个体验让用户感到独特且记忆深刻,公众因此建立起对银联 POS 机的品牌初印象。

第二代诗歌 POS 机巡展厦门站,品牌将孩子们的诗歌改编成了歌曲,邀请厦门二中合唱团演唱并制作 MV。在山区小诗人们的诗歌的基础上,加入了在诗歌领域已有建树的近百位诗人的诗集,并且银联诗歌 POS 机入驻货币文化馆新型支付方式。当二者的诗歌相遇,原本相隔山海的两个群体走到一起,诗歌 POS 机的内涵也就迭代升级,变得更加丰富。POS 机成为了一个新诗歌发表的载体,诗人们的"引领"让更多的人知道了诗歌 POS 机,小诗人们的诗可以去到更远的地方,让更多人了解了银联的品牌理念,其影响力进一步扩大。

第三代诗歌 POS 机巡展深圳站,营销活动再次迭代升级,活动不仅有不同年龄层诗人的诗歌呈现,更有给予千家万户的、真切可感的生活方式改变与生活便利提供。通过对深圳全市公交和地铁的银联 IC 卡和银联手机闪付的开通,全市 40 家大型综合商圈、88 家连锁品牌商户共 1.18 万个门店以及 180 000 台出租车等场景对银联移动支付产品全面受理。

此后站点的活动,云闪付 App"银联诗歌 POS 机"小程序正式上线。用户在云闪付 App 中进入小程序,按下"点击帮助孩子"按钮,即可阅读、转发孩子们的诗歌,还可以收到公益图书馆及艺术素养课程的最新进展。

该活动从上海到厦门、深圳、广州、成都、北京、张家界等城市,跨越 6 000 多公里,上万人参与"众筹"。活动中孩子所作的 200 首诗歌由人民日报出版社整理出版为儿童公益诗集《大山里的小诗人》，作者全部是来自云南、四川、河南、新疆、青海等地的留守儿童。

该活动运用迭代思维，使越来越多的受众产生情感共鸣，这种情感共鸣使得这一系列活动的传播有了"裂变"的动力，受众纷纷前往活动地点参与"众筹"，表达异乡游子对留守孩子、对亲人的思念和关爱，展现"众人拾柴火焰高"的大爱，丰富自己的"朋友圈形象"。

2019年7月活动启动后，中国银联"诗歌POS机"公益行动所募善款已陆续投入到安徽怀远、河南南阳、四川绵阳、新疆喀什、云南南华等地区，帮助3 140名家庭困难儿童接受艺术教育，银联的品牌影响力得到了很好的提升。

（资料来源：搜狐网，《诗歌POS机刷爆朋友圈背后，究竟有何玄机？》，https://www.sohu.com/a/350654842_618348，2019年10月30日）

二、整合思维

整合思维是商业思想家罗杰·马丁（Roger Martin）在其著作《整合思维》中提到的领导力创新概念："整合思维是以共建、共享、共存的方式处理彼此对立情形的一种思维方式，整合思维不以打击或消除其中一方作为选择另一方所要付出的代价，即在面对两种或多种情形，特别是对立情形时，不是做选择题，不是二选一或多选一，而是创造出一种更好的解决方案，一种兼顾创新与维持现有业务，寻求最佳平衡，形成双赢、多赢的局面、效果的解决方案。"

比如，四季酒店创始人伊萨多·夏普（Isadore Sharp）在创立伊始面临两种经营策略的选择：一种是给人以亲切舒适感受的小旅馆，一种是为顾客提供充分享受空间的大酒店。他在将两种类型进行了具体因素的分解后，将这些因素的适应策略相结合，最终选择了中型旅馆的经营方向。

三、竞合思维

顾名思义，竞合思维是既竞争又合作的思维，是合作与竞争相结合的经营战略。

随着时代的发展和"互联网+"战略的不断推进，企业竞争对手的边界已经模糊，当前市场业态已经变化。每个行业也被重新定义，你中有我，我中有你，相互融合，相互联系；有形市场、无形市场相互支撑；实体经济、虚拟经济相互协调。

有竞争的地方就有合作，合作与竞争相互依存，企业与竞争对手已经不是传统模式下的单纯对立体，传统的竞争模式正被一种新的理念所取代，这就是竞合思维。

为此，很多企业、品牌更新自身思维模式，从竞争走向竞合。融合时代中竞合思维的核心逻辑是共赢，企业要想在营销博弈中占据高位，营销战略要聚焦于深耕用户"痛点"，进行战略要素的重新组合。这一思维的重点在于，要分析、梳理商业博弈活动中所有入局者存在的各种商业互动关系，据此在营销战略布局上打造既合作又竞争的融合式共赢生态。

成功靠对手，竞合思维可以创造新的利益共同体。比如一些互联网平台企业，58同城与赶集网、优酷与土豆等都是在人、财、物等资源高度同质的情况下，从竞争走向竞合的典型例子。又如，我国高铁技术供应商"中国南车"和"中国北车"合并为中国中车股份有限公司，成为全球最大的高铁技术供应商，这同样是竞合思维的典型运用。

所以，竞合思维意味着企业可以从共享、优化社会资源这一层面进行思考，结合企业发展的需要对待自身的竞争对手，跳脱出以往竞争品牌之间此消彼长的对立竞争关系，设法与其形成合作的局面。

"梅须逊雪三分白，雪却输梅一段香。"世间事物各有所长，也各有所短，品牌也一样。商战中，通过竞合思维，可取长补短，与对手携手共进，实现双赢甚至多赢。

四、差异化思维

差异化思维是美国哈佛大学教授迈克尔·波特（Michael E. Porter）提出的一种实用性战略思维方式。差异化思维也可以理解为尝试改变"赛道和方向"，找到与竞争对手的差异，让自己能够区别于竞争对手，从而创造出空位，寻求到生存机会、竞争优势，也让用户发现本品牌的价值所在。

在营销领域，这是一种致力于在品牌形象、产品研发、服务等方面独辟蹊径，寻求或挖掘与竞品明显不同的自身特质，从而打造出自身竞争优势的战略布局思维模式。差异化营销模式丰富多元，主要体现在品牌理念差异化、产品研发差异化、经营服务差异化等方面。差异化战略的有效运用，可以因为独树一帜，形成品牌记忆点，培养消费者对企业或品牌的认同感，进而提升用户对企业或品牌的黏性，最终促使企业赢得高于同行业平均水平的盈利空间和品牌影响力。

五、底线思维

底线思维是指布局规划时，务实理性地确定触底指标，驻足触底指标，争取最高回报可能性的思维模式。

营销需要有张力，营销需要"出奇制胜"，因为这样才有可能以活动、图像、文字或视频等方式，形成企业或品牌独特的、被目标消费者所认可和喜欢的特色，传递企业或品牌的理念、文化或价值观，交流情感，促进销售。因此，"标新立异"地玩"噱头"就成为企业或品牌吸引消费者眼球的重要手段。所谓营销"噱头"，是指为了博取受众注意而采取的"花招"或者强化的"看点"。比如，人民日报是国内主流媒体的典型代表，拥有独有的媒体品牌魅力，其报道风格以专业严肃著称。但随着传播技术不断进步，传播速度不断提高，信息传播愈发具有海量化、即时化、快餐化和碎片化的特征，沉浸于这一传播环境的受众对新闻呈现方式有了新的要求。人民日报微信公众号在进行新闻报道时，并非只是单一复制纸媒内容，而是适应微信的传播环境，在新闻标题、新闻种类和新闻编排上进行了创新，不乏"噱头"式的新闻标题，比如原标题《空军多型战机成体系"绕岛巡航"》，在人民日报公众号推送的标题为《中国空军宣布大消息！配图帅爆了》；又如2021年，人民日报社好新闻评选小组评选的获奖好标题中，《中消协关注互联网平台大数据杀熟等行为——算法不能变算计》《山西大力发展村级光伏电站——"太阳出来就赚钱"》《担心手机应用"太懂我"》等标题使用了一些语言"花招"，"噱头"十足，勾起读者的阅读期待的同时，避免了公众号读者对传统时政新闻的回避心理，语言高雅而深入，具有浓厚的人文情怀且通俗易懂。

诚然，"噱头"是营销的属性之一，不局限于媒体标题，其实任何一种营销模式都适用，但如何把握是关键，此时坚持底线思维就显得尤为重要，要在不哗众取宠的前提下通过制造琳琅满目的"噱头"博得读者的眼球。

创造新的互联网传播模式，不能以传播恶俗的内容来实现利润最大化，失去规范和秩序。企业或品牌如果通过这类没有底线的方式博取眼球，只会适得其反，成为破坏互联网良好运营生态环境的害群之马。

坚持底线思维，就意味着营销宣传、运营不能被经济利益所裹挟。营销人员希望以"新、奇、特"的内容吸引受众，这无可厚非，但独辟蹊径不能是哗众取宠，不应带来负面影响，不应利用负面消息达到宣传自己的目的。企业或品牌不应该陷入"无底线营销"的误区，靠违背公序良俗牟利，这样的企业走不远，对诚信经营、勤劳致富的主流价值观也有破坏性的冲击，这股歪风必须狠刹，底线必须坚守。

营销需要的是积极、正向的影响，这样才有可能经受住市场和消费者的考验，基业长青。运营语言的"噱头"能够激发用户的"浏览期待"，但是"噱头"应该有底线，不能低俗，不能被经济利益所裹挟，不能带坏市场风气，毒化竞争氛围。营销活动应该以传播正能量为初衷，在特色、深度、企业、品牌责任上下功夫，营造风清气正的营销秩序，承载起企业的价值延伸。有关部门也应加强监管，完善市场营销规范，对不良营销行为露头就打，依法从重从快处罚，绝不能让其任意妄为。

坚持底线思维的关键是要设定风险底线，战略布局稳健与创新并行，建设并完善适合企业发展的风险预控机制，同时争取利益或价值最大化。

随着数字化转型的推进，越来越多的企业或品牌不可避免地会用到越来越多的新兴技术，包括云计算、大数据、人工智能、5G等，新技术的应用犹如一把"双刃剑"，在为企业带来新提升、高收益的同时，也带来了更多业务风险和安全威胁。互联网时代，大数据是资产，数据驱动营销，可以说，数据保护是所有企业、品牌在数字化时代要面对的共同挑战。企业在数据保护方面就应该具有底线思维，守住数据安全这条底线，不断夯实数据保护的基础。

六、向善营销思维

在营销的过程中，很多企业、品牌会突然发现，自己要面临社会"拷问"，这些"拷问"包括：你的公司主张什么？它对社会有什么影响？你们的产品健康吗？你们的原料是否天然，是否环境友善？品牌理念是否吻合社会主流价值观？简而言之，你们企业和品牌的社会形象是什么？这说明现在已经进入向善营销思维时代，重视社会责任正在成为企业和品牌长期盈利的关键。

所谓向善营销思维，是指企业或品牌基于可持续考量，放下对于利益的片面追求，将"善"融入商业模式中，重视环境、社会和公司治理的整合发展，致力于企业品牌商业价值和社会价值"两条腿走路"的绿色健康发展的思维模式。

从2017年腾讯"一元购画"公益活动，到2018年快手为纪念"5·12"汶川地震十周年举办公益音乐节助力灾区重建，再到2021年鸿星尔克斥巨资驰援河南，我们可以看到，在新商业文明之下，企业的营销思维正在被重塑。越来越多的企业、品牌更关注自身行为对社会的影响，他们放下对于利益的片面追求，利用社会营销拓宽企业发展边界，加速品牌进化。

通过关注环境、社会以及低碳等指标和要素来推动绿色增长，正在成为品牌日益关注的领域，这是基于可持续考量的绿色健康发展战略。品牌是否践行绿色、有机、低碳、可回收等理念，也成为很多消费者的决策参考依据。联合国开发计划署、中国国际商会、普华永道（中国）联合发布的《中国企业可持续发展目标实践调研报告》指出，有约89%的中国企业了解可持续发展目标（SDGs），并认识到可持续的发展模式不仅可以提高公司品牌价值，还可以为企业带来积极的社会、经济及环境影响。

从消费者角度看，绿色环保的产品设计理念、有可持续发展的品牌理念和使用更环保的产品材料，是排名前三的让消费者对品牌增加好感度的行为。从营销的角度来说，因企业向善营销而选择该品牌的消费者会认为，购买该产品是一个加强与品牌情感联结的方式，并且，相较于其他消费者，此类消费者会更愿意相信品牌对慈善事业的支持，因此，会进一步加强购买意向。由此，借助向善营销的品牌，能够实现与消费者的良性沟通，并且不断提升消费者对品牌的好感度，从而实现正向循环，不断加强消费者的品牌忠诚度。

对品牌而言，向善营销的益处是显而易见的，但一次向善营销活动并不是一劳永逸的，消费者只有在相信品牌是出于利他动机，真的想为慈善事业作贡献，而不仅仅是为了推销产品时，才会相信品牌是真正的向善。因此，对于企业而言，需要持续投入社会事业，展现自身积极承担社会责任的良好形象，同时，维持言行一致、兑现承诺的优良品牌形象，传达一致的品牌信息，从而获得消费者长久的信任。

如果问哪种营销方法能使一个企业获得长久发展，向善营销一定是其中一个。向善营销不是短期行为，而是需要企业进行长期营销的社会化活动，企业需要在不断升级中辐射更多的参与者，沉淀品牌的社会化资产，增加品牌的核心竞争力。

本章小结

随着数字化营销进入 3.0 时代，在智能传播格局中，企业纷纷顺势变革创新，进入"闭环营销生态链"赛道，为品牌的可持续发展提供新的解决方案并带来更多的可能性。闭环营销的核心是共创共享。

互联时代，随着科技创新进程提速，品牌纷纷对营销策略进行更新迭代，以便在激烈的市场竞争中赢得商机。基于科技和速度的竞争使企业向多维度跨界合作联盟寻求发展，媒体营销联盟应运而生，成为企业提升创新的尝试之一。

互联网数字化时代带来了技术的颠覆、价值观的革新和运营模式的转变，随着时代的发展，思维模式也需要与时俱进，创新发展。企业应当重新考虑营销要素，自驱动、自增值、自进化品牌竞争力。

第七章

全媒体营销主流趋势

学习目标

理解并把握公共关系的定义，公共关系在全媒体营销中的创变，营销公关和关系营销在全媒体营销中的价值体现；了解在数字全媒体营销时代新闻传播的内核，新闻与营销活动的关系；认识并掌握新闻智能融合传播的内涵、特征、传播影响力、价值以及相应的运用场景；识记有利于企业和品牌发展的正向新闻舆论环境的建构方法。

关键术语

公共关系；营销公关；关系营销；新闻智能融合传播

第一节　公共关系在全媒体营销中的创变与分化

随着数字化智能传播时代的到来，市场营销环境发生了变化，新一代消费者形成新的需求，传统的营销模式已经难以适用，企业品牌发展面临前所未有的新挑战。为了增强企业存活能力，企业品牌运营策略向市场营销与公共关系相融合的方向布局，公共关系与市场营销成为企业品牌管理架构的核心要素，共同推动企业品牌发展。

如果说在营销中，硬广告、促销方式能向受众输出品牌、促进销售，那么公共关系无疑是提升品牌知名度、美誉度和用户信任感等软实力的利器，它正在营销活动中有效地发挥作用，展示其价值。

一、公共关系的内涵

公共关系简称公关（public relations，PR），是指传递关于独立人、企业、政府机构等各类组织的资讯，以改善社会大众对其认知的一种措施或策略。其主要职能是新闻传播、新闻发布会筹划与实施，社区活动、品宣活动等相关活动的规划与落地执行，组织内刊制作，策展，调查公共舆论，等等。

二、营销与公关的融合

在实际市场经济运作中，公共关系在全媒体营销中的作用主要表现在营销公关和关系营销两个方面。

（一）营销公关：塑造品牌形象

营销与公关嫁接、合成后得到的"营销公关"，是把公关功能整合入市场营销的一种模式。这是对公共关系促进营销的作用的认可。营销公关有望促进企业构建良好的品牌形象，进而影响和促进商品销售。

在传统媒体时代，信息传播是自上而下、单向线性流动，消费者们只能被动接受。而在网络媒体时代，信息传播是多向、互动式流动，声音多元，互不相同。在智能传播格局中，企业只有顺势变革创新，转变赛道，才有可能把挑战、竞争变成机会。新的赛道对吸引消费者的营销工具有新的要求，有温度、能引起消费者共鸣的营销传播工具越来越受到营销人员的重视，因此拥有类似特质的公共关系也成为新赛道中最有价值的营销工具之一。

（二）关系营销：演化共享理念

关系营销是指企业或品牌通过活动或措施，协调、维系、优化或改善企业与社会组织或个人（如消费者、上下游合作伙伴、竞争对手、政府机构、媒体等）的关系的行为。关系营销与传统营销观念不同，它认为维护消费者黏性和赢客促销二者同等重要，且二者相互促进呼应，有力扣合，以此持续构建和提升企业的市场竞争优势。

三、公共关系在全媒体营销中的价值体现

（一）激活顾客消费需求

一个产品从被顾客知道直到被购买使用的过程被称为顾客的消费过程或购买路径。在消费过程中，处在不同消费过程阶段的顾客又分为无意顾客、有意顾客、潜在顾客、实际顾客、忠实顾客和品牌拥护者。公共关系的价值之一就是引导作用，通过引导来刺激、激活有意顾客和潜在顾客的消费需求，具体过程一般分为如下四个阶段。

1. 引起注意

在这一阶段，首先要让消费者接触或了解产品的信息。随着互联网的发展，信息体量爆炸式增长，传播媒介越来越多样化，有效引起目标受众注意的成本日益增高，难度也日益增强。引起注意的解决方案主要强调营销中全媒体、多元化布局传播矩阵，最大化铺陈、触达受众。对公关而言，此阶段公关的技巧就是追求媒体的覆盖面和新闻稿的落地率。

2. 引发兴趣

在消费者接触到信息后，信息的内容引起了一部分受众对产品的兴趣。引发兴趣包含三方面技巧：第一是选对传播工具和传播媒介；第二是信息传达准确而有技巧，比如标题新颖的公关文稿或有创意的公关营销活动等；第三是信息的一致性，顾客会因为多次重复接触到同一个声音或同一种形象，而产生继续了解它的兴趣。

3. 激发欲望

潜在顾客会把产品的特性和自身潜在需求建立起联系，并开始主动寻求有关信息，以便在市场上不同品牌的同类产品之间进行比较。表面上，这是产品与产品、服务与服务之间的较量，其实这更是营销传播效果之间的较量。这一阶段公关的技巧是：有效地把产品和顾客的潜在需求联系起来，并说明自己的产品（对比竞争对手或其他品牌）是最好的。

4. 付诸行动

潜在顾客转变为实际顾客，他们的信息可能来自实际的使用经验，也可能来自传播。这一阶段，广告和公关的目的是再次提供保证，因此相当重要。同时，促销活动也不可或缺。另外，公共关系还可以配合人员销售与数据库营销。

（二）强化消费者的忠诚度

强化顾客忠诚度的最终目标在于维持品牌与消费者的牢固关系，品牌硬性广告投放与柔性公关活动相辅相成，形成主题化、系列化的输出是获客的营销核心。另外，口碑、售后服务、直效营销也扮演着决定性的角色。在这一阶段，所有的营销活动和信息传播，都应该用来刺激消费者重复购买，并鼓励购买者向他人推荐，最终目的就是建立优质品牌形象，提升用户的黏性和忠诚度。很显然，出色的品质是留住消费者、招徕回头客、引起重复购买的前提条件。质量不过关，产品只会给消费者留下不好的印象，导致用户流失。

（三）塑造良好的品牌形象

通过建立良好的公共关系，树立良好的品牌公众形象，有利于使消费者对品牌形成依赖感、荣誉感，广大消费者以拥有该品牌的产品和享受该品牌的服务而感到自豪和骄傲，由此形成口碑效应。从这一点看，公共关系是提高消费者品牌忠诚度的重要手段。

> **典型案例 7-1**
>
> **鸿星尔克驰援河南，借公关营销改善品牌社会形象**
>
> 2021年7月底，河南水灾泛滥，一方有难八方支援，社会各界纷纷向河南捐款捐物，支援灾区救灾以及灾后重建，齐心帮助河南渡过难关。鸿星尔克也通过郑州慈善总会、壹基金紧急捐赠5 000万元物资，驰援河南。
>
> 驰援河南的爱心企业不胜枚举，但鸿星尔克因为数额巨大，尤其是品牌前期影响力下降，公众一度误认为该品牌已经处于严重亏损状态，鸿星尔克依然斥巨资驰援河南，有良心有责任心的品牌形象就自然进入网民认知。于是，热情的网友们自发转发其官方微博，积极互动，鸿星尔克得以登上热搜榜单，2021年7月22日，话题#鸿星尔克的微博评论好心酸#冲上微博热搜，暖心又好笑。一周时间，话题#鸿星尔克的微博评论好心酸#阅读量达6.9亿人次，讨论度12.8万次，快速获得了社会大众的关注和赞赏。与此同时，热心网友还在鸿星尔克的官方网店或者直播间下单，用购买行为对品牌表示支持。
>
> 鸿星尔克公关活动展示有据可查的数据并对捐款进行跟踪报道，通过增加该举措的透明度，再次展示了品牌反哺社会、负责任的大爱形象。同时，鸿星尔克这一务实负责任的爱心举措提升了这一事件的新闻价值，新闻媒体纷纷跟进报道。
>
> 鸿星尔克这一次富有爱心和社会责任感的公关活动，赢得了全民好感，鸿星尔克又重新回到大众视野，不仅销量回升，品牌美誉度、知名度均得到大幅提升。可见，提升品牌美誉度、树立品牌负责任的社会形象、提升民众好感度，是公关营销的最终目标。只有良性、积极正向的公关营销，才能打造品牌并维护企业形象等无形资产。
>
> （资料来源："广告研习所"微信公众号，《鸿星尔克，你的福气还在后头呢》，2021年7月23日）

（四）科学预警，化解危机

危机是指给组织或个人带来重大威胁的突发事件，并正在或已经给组织或个人带来确实的损失。危机传播是指危机发生前、中、后，危机主体与其利益相关者之间为降低危机带来的损失而进行的信息发布、沟通和协调的行为。

在如今移动互联的全媒体时代，突发事件一旦发生，往往几分钟后就会有目击者用手机将现场图像和相关信息发到微博、微信上，十几分钟后就会有网站转载，1~2小时后网上讨论就可能热闹起来，形成公共关系危机热点。

预警、快速反应，制定合理的应对预案是公关职能的重要组成部分。企业或品牌遭遇突发危机时，危机公关应对巧妙，有望转危为机；而如果应对失当，后果有可能是企业品牌难以承受之痛。

危机公关营销在数字化全媒体营销环境下的创新运用具有以下特点：

第一，快速反应。直面新媒体事件传播快速的特质，反应迅速，把危机消灭在萌芽状态。

第二，争取话语权。危机公关中，"黄金两小时"和"真诚沟通"给出了清晰的应对原则。危机发生后，为占领舆论高地，给自己争取话语权，企业不仅要第一时间发声，而且要"边说边做边展示"，向用户持续输出真实、有效的信息，让用户乐意接受企业的辩白，最终减少或化解危机。

第三，品牌形象人格化，适当示弱。在遭遇公众危机时，如果硬要和舆论站对立面，或者采取比较强硬的手段来压制舆论进展，往往会激起舆论的反弹。在适当时机的示弱，不仅能减少和公众的对立，还能展现自己的真诚，更容易博得公众好感，转危为机。

第四，主动道歉，寻求未来。在危机处理中，企业要认识到自己的缺点和不足并且真诚道歉，有责任感且坦诚地面对媒体和公众。如果做错了，就主动承担责任，并且道歉，良好的态度是能够赢得大家认可的。

四、关系营销让互联"有温度"

企业进行关系营销的意义主要体现在四个方面。

1. 助力企业和消费者形成良性营销关系

关系营销强调企业活动或措施，应构建在持续协调、维护或优化企业与消费者、公众、上下游合作伙伴、政府机构、媒体等组织的关系的基础上，推进商品营销和客服，维护好相关群体的切身利益。关系营销让企业更好维系、经营与消费者的关系，有利于提升消费者对品牌的黏性和认同感。

2. 与同行构建竞合关系，催生融合式共赢生态

企业关系营销从一定层面而言，是竞合思维的实践运用。利益共同体可以被视为对同行的另一种称呼，关系营销意味着企业从优化资源配置的角度出发，模糊与同行、对手的竞争边界，实现"你中有我，我中有你，相互融合，相互联系"的融合式共赢生态。

3. 推动政企合作共赢

良性的市场营销行为需要架构在遵守法律法规的基础上，构建在政府各项政策及民生措施上，因此主动推动、维系和政府之间的关系，经营好政企关系，是关系营销的重要部分，能够保证企业营销活动的顺利进行。

4. 用心经营企业和社会公众的关系

反哺社会是一个富有责任心的企业应该有的经营态度，企业在营销过程中应花大量精力维系企业和社会公众的关系。反哺社会的关系营销可以使企业和社会建立良性沟通，

帮助企业赢得公众的认可和赞扬。以公共关系营销为契机和润滑剂，可促使企业和公众互为基点，构建和谐的良性营销氛围，正面引导舆论，提升企业的社会认可度。

第二节　新闻智能融合传播

新媒体环境下，新闻传播更加自由化、快速化、便捷化，在营销中做好新闻传播工作，发挥舆论引导作用对企业或品牌的生存、发展有重要意义。

一、新闻与营销活动的关系

新闻传播是研究新闻活动、传播活动及其他各种传播现象的学科，新闻传播的核心是借助新闻媒体进行传播，其目的是营造良好的社会形象，提高社会知名度和公信力，通过良性的传播达到不同层面的新闻公关效果。

在全媒体营销过程中，新闻与营销活动之间的合作运作模式主要有三种：

第一，企业、品牌处于主导地位，通过营销活动，制造影响力大、新闻性强的事件，尊重新闻规律，提升活动的新闻价值，促使媒体从中获得报道素材，自发报道。

第二，企业、品牌与媒体共同策划，酝酿出具有新闻价值的事件，互利共赢。

第三，企业、品牌受媒体报道限制。当企业、品牌开展事件营销，却不受控地演变为媒体竞相报道的负面新闻素材时，企业就会因此引发负面危机，品牌声誉受损，销售停滞，甚至导致企业无法继续生存。

二、新闻智能融合传播的作用

新闻智能融合传播主要是指在全媒体营销过程中，新闻传播不是媒体平台的简单连接，而是全方位融合、立体传播，新媒体与传统媒体互融、互补。新闻传播在全媒体营销中的作用主要体现在三个方面。

（一）形成正向舆论引导，提升企业公信力

新闻媒体种类很多，互联网技术不断更新迭代，新闻信息的生成方式与传播形式不断分化，新兴媒体层出不穷，网络成为了信息交融、民意汇聚、思想碰撞的重要场所，

好的、坏的、积极的、消极的、正面的、负面的各类信息围绕着消费者。

面对如此舆论环境，主流媒体作为舆论的引导者和捍卫者，需要及时释放声音，明辨是非，维护和宣传真理，传递正向价值观。企业或品牌需要学会借助新闻媒体的传播枢纽作用，形成正向舆论引导，提升企业公信力。

（二）立体提升品牌影响力

新闻智能融合传播，意味着对于同一新闻素材，企业、品牌可以在全媒体营销的基础上，依据不同读者群体的个性化需求和传媒平台的不同定位或特征，对报道内容进行取舍、再造，形成丰富多元的内容。具体而言，在尊重新闻规律的前提下，企业、品牌通过营销活动，催生具有新闻价值和一定影响力的事件，有针对性地进行传播布局，让新闻立体传播，放大传播效果，打造品牌记忆点。主要体现为：

第一，借助传统主流新闻媒体的发声，提升品牌公信力。

第二，网络媒体终端的广泛性和快速性使新闻的发布得以快速铺展，促使品牌形成广泛影响力。

第三，搭建品牌微信公众号，开发微信小程序、微博账号、抖音账号等自媒体矩阵，定期或不定期进行企业新闻发布，锁定"社交""互动"特质，提升用户黏性。社交媒体在促进品牌的口碑树立方面不可或缺，移动新闻资讯App凭借内容层面的精耕细作，借助短视频、直播等形式，可不断拓展新闻分发赛道，为品牌提供相当重要及高效的传播渠道，促使品牌记忆点得以高效传播（图7-1）。

（三）新闻制约企业

当企业、品牌进行事件营销时，为了博眼球，经常会剑走偏锋，使用一些常人想不到的创意来进行宣传，总想在文案、主题内容、品牌联合等方面提升新闻价值，促使媒体自发报道新闻。奇招、险招用好了，营销会令品牌和产品一炮而红，成为令人拍案叫绝的经典；但反过来，"不走寻常路"的风险也是很大的，有时候不仅不能发挥正面作用，反而会令品牌作茧自缚，导致新闻危机，品牌声誉告急。

三、新闻智能融合传播的发展态势

消费者的消费习惯日益呈现多元化特征，对于品牌而言，提供用户信赖、认可的营销内容是影响用户消费选择的关键。与此同时，在信息过载的当下，面对有限的用户时间与无限信息供应之间的矛盾，用户对优质、有价值的新闻内容的需求愈发高涨，故新闻在全媒体营销中的作用也呈现新的发展态势（图7-2）。

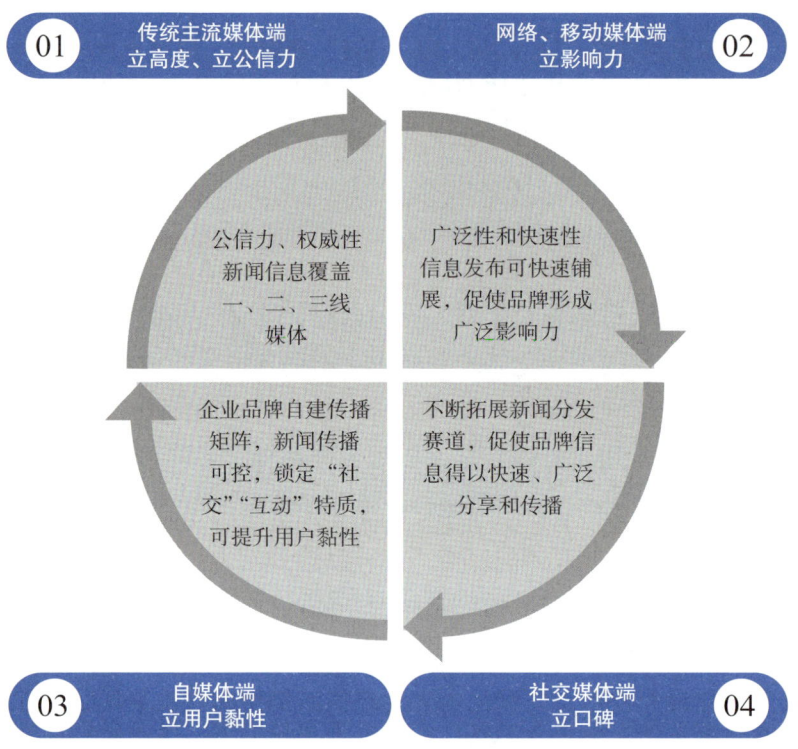

图 7-1 新闻立体传播，放大传播效果

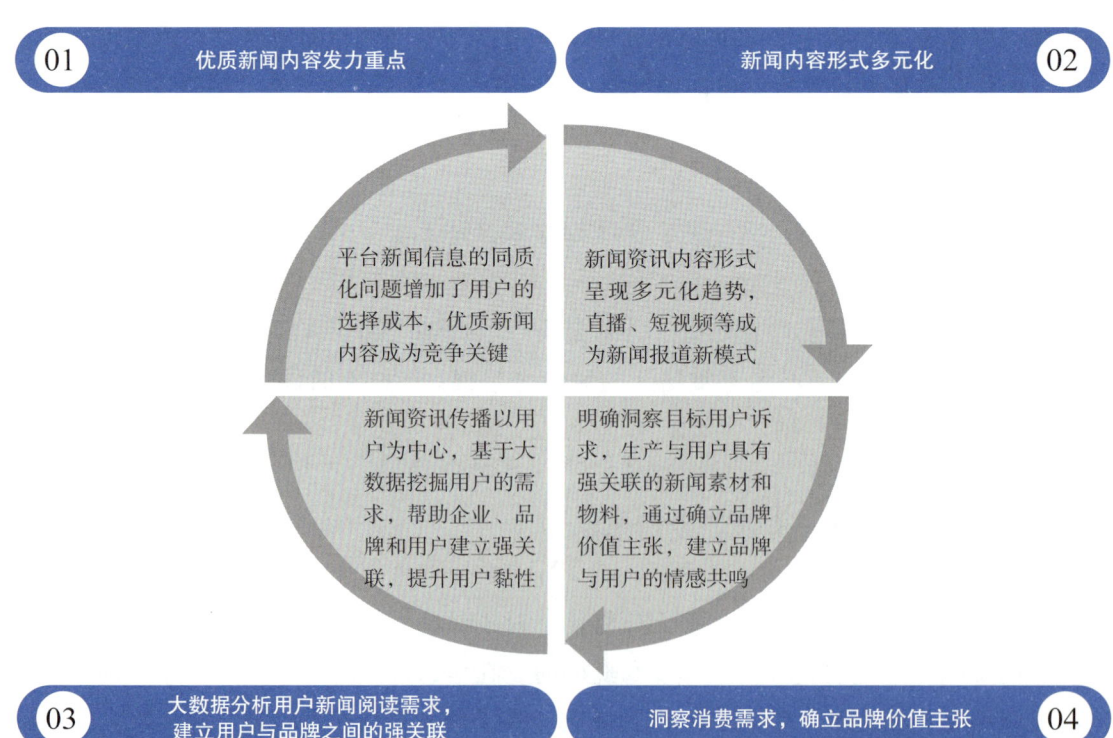

图 7-2 新闻智能融合传播的发展态势

（一）优质新闻内容成发力重点

受传统媒体转型、新闻资讯平台多赛道布局的影响，移动新闻资讯市场竞争激烈，吸引用户、加强留存是关键。随着越来越多的企业、品牌入驻媒体，平台新闻信息的同质化问题增加了用户的选择成本，在此背景下，优质新闻内容的提供成为竞争关键。

（二）新闻内容形式多元化

用户的短期注意力会聚焦于当下热点，而长期关注点则源于个人喜好和兴趣。为提高用户黏性，企业、品牌传播的新闻资讯内容形式呈现多元化趋势，直播、短视频等已成为新闻报道新模式，同时企业借助个性化推荐能力实现新闻资讯精准传播。打造差异化、多元化的路径也是企业、品牌进行新闻传播需要拓展的领域之一。

（三）大数据分析用户新闻阅读需求，建立用户与品牌之间的强关联

企业、品牌的新闻资讯传播以用户为中心，基于大数据分析，对移动新闻资讯 App 用户的需求进行挖掘研究，可帮助企业、品牌和用户建立强关联，提升用户黏性，提升企业、品牌影响力。

（四）洞察消费需求，确立品牌价值主张

明确洞察目标用户的需求，生产与用户具有强关联的新闻素材和物料，通过新闻传播确立品牌的独特价值主张，建立品牌与用户的情感共鸣。

四、企业、品牌对新闻媒体的正确认识

企业、品牌作为全媒体营销的主体，要想打造良性的舆论环境，就必须正确认识新闻媒体。

1. 信任

对事件进行客观、公正的报道是媒体职责，但缺乏职业道德的媒体也依然存在，所以，企业要甄别合作媒体，首选可信度高、知名度高、权威性强的媒体。

2. 尊重

尊重媒体表现为尽量配合记者访谈，提供报道素材。赢得媒体理解，才有可能通过其新闻报道获得消费者的理解和认可，应对危机时这一点更重要。

3. 危机意识

媒体定位、风格不同，对事件的报道角度差异很大，有些媒体甚至通过负面报道的

方式剖析企业。所以，企业应建立长效的媒体危机监测、预警及应对机制，防患于未然。

4. 制造热点

要认识到新闻的"新"和媒体的关注度是有限的，一旦事件没有了新鲜的内容，媒体就会结束对其的报道。因此，企业、品牌可以制造一些具有广泛影响力和持久影响度的新闻。

本章小结

随着数字化智能传播时代的到来，市场营销环境发生了变化，新一代消费者形成新的需求，传统的营销模式已经难以适用，企业品牌发展面临前所未有的新挑战。为了增强企业存活能力，企业品牌运营策略向市场营销与公共关系相融合的方向布局，公共关系与市场营销成为企业品牌管理架构的核心要素，共同推动企业品牌发展。

如果说在营销中，硬广告、促销方式能向受众输出品牌、促进销售，那么公共关系无疑就成为提升品牌知名度、美誉度和用户信任感等软实力的利器，它在营销活动中有效地发挥其作用，展示其价值。

新闻报道与全媒体营销之间是相辅相成的关系，全媒体营销的实践需要新闻报道这一重要手段来落实，在实际的新闻报道中又不能离开全媒体营销，企业需要关注新闻报道与全媒体营销之间的联系与互促作用。

第八章

媒体素养及营销热点

学习目标

理解媒体素养的定义和全媒体营销的热点；掌握数字时代需要具备的媒体知识、媒体技能和媒体态度，并能在实践中综合运用相关媒体素养；重视量化研究和跨界研究带来的机遇和变化，把握数字变革、洞察互动在全媒体营销领域中的新热点和新趋势。

关键术语

媒体素养；数字中国；量化研究

第一节 媒体素养

一、媒体素养的内涵

媒体素养又被称为媒介素养、传媒素养、网络素养、媒体素质等，是指人们面对媒体各种信息时的选择能力、理解能力、质疑能力、评估能力、创造和生产能力以及思辨的反映能力。媒体素养涉及五个核心概念和五个关键问题，五个核心概念：①所有的媒体信息都是人为建构的；②媒介信息是由创造性的语言按照它自身的规则建构起来的；③不同的人对相同的信息有不同的体验；④媒介中渗透着价值观和立场；⑤媒介被有组织地用于获取利益或权力。五个关键问题：①谁建构了这些信息？②媒介使用了哪些技术来获得关注？这些技术又是如何整合的？③不同的人如何以不同的方式理解媒介传达的信息？④信息呈现或隐藏了什么样的生活方式、价值观和视角？⑤发布这条信息的目的是什么？

二、新闻传播等专业的学生应具备的媒体素养

随着视听媒体的全面发展，特别是计算机技术与互联网技术的普及推广，提升媒体素养逐渐发展成为一场关乎全民基本素养的社会运动，呈现出社会组织、教育界、政府三方合力推广的发展态势。

媒体素养不仅是媒体知识、技能和态度的结果，也是媒体学习和教育的过程。因此，全媒体时代，新闻传播等专业的学生不但需要拥有作为媒体信息接收者的媒体知识，更需要具备媒体信息生产传播者应有的媒体技能和态度。

（一）作为媒体信息接收者应具备的媒体知识

如今，我国互联网行业实现跨越式发展，基础支撑、创新驱动、融合引领作用更加凸显，在国民经济和社会中的地位显著提升。移动互联网正在推动数字技术与传统实体经济深度融合，赋能千行百业数字化转型，成为助推经济和社会高质量发展的重要引擎。因此，新闻传播等专业的学生在五花八门、包罗万象的媒体信息世界中辨别媒体信息的真伪，把握媒体信息的有效渠道就变得至关重要。

由于数字信息易复制，加之目前没有关于在线信息通行的严格规范和标准，因而在移动互联网时代，媒体信息极易被复制转发。因此，作为媒体信息的接收者和未来的媒体人，新闻传播等专业的学生首先需要具备辨别媒体信息的主动性。在日常生活和学习中，学生需要培养自身对媒体信息的宏观审视视角。当对媒体信息有所怀疑时，须主动辨别媒体信息的真伪，并通过有效渠道搜索印证媒体信息的真假，不能仅仅依靠经验判断。其次，新闻传播等专业的学生需要具备评价媒体信息的客观性。移动互联网时代，相似的媒体信息会通过不同媒体渠道以不同的媒体方式进行宣传报道，学生需要具有正确的媒体价值观判断，多元评价媒体信息的客观性。媒体素养是一个媒体赋权于人的过程，这一过程不仅需要习得专门的思辨技能，学会分析媒体信息、质疑媒体信息、了解媒体信息的制作过程等，更需要把握深度的多元评价，走到媒体信息的背后，挖掘其深层含义。比如，谁制作的媒体信息？目的是什么？谁获益？谁受损失？谁起决定性作用？这是一个思辨分析与深度评价媒体的社会、政治和经济效应的过程，新闻传播等专业的学生需要学习如何在媒体经历中逐步认知世界，如何正确客观地评析媒体信息在多元社会中的作用和影响等。

（二）作为媒体信息生产传播者应具备的媒体技能和态度

媒体信息的获取、使用和评价能力是移动互联网时代个人的基本能力，是与个人的

生存、工作、生活紧密相关的知识和技能，而媒体信息的生产和传播则是新闻传播等专业的学生在新时代应具备的媒体技能和态度。

时下的媒体形式不仅有文字、图像，更有音频、视频等。特别是以抖音、快手为主的短视频平台迅速崛起，使得短视频的创作和制作成为媒体从业人员必备的一项基本能力。如何制作适合抖音、快手等平台的短视频，如何运营、维护微信公众号以及微博等，已成为时下媒体人最重要的媒体技能。

如今，自媒体快速发展，媒体发展日益商业化、娱乐化。不仅媒体人所具备的技能至关重要，媒体信息生产者和传播者的媒体态度特别是价值观，也具有重要的价值导向和信息引导作用，因此媒体人所具备的媒体技能和媒体态度是媒体信息生产和传播过程中的重中之重。

移动互联网时代，信息技术突飞猛进，媒体变革日新月异，在媒体融合趋势下，媒体信息生产传播者应具备的媒体技能也是日新月异。对于新闻传播等专业的学生而言，不仅需要具备生产媒体基本内容、运用媒体多样形式和把握领悟时下主流趋向等媒体技能，更需要具备马克思主义新闻观的媒体态度，重视和发挥媒体报道的积极社会影响，发挥媒体舆论的正面导向作用，发挥媒体监督的批判反思作用等。

第二节　全媒体营销热点

政策扶持以及技术赋能的多重效应，不断推进国内媒体行业在内容实践与研究创新方面涌现新热点和新趋势。

一、全媒体营销实践热点

移动互联网时代，社会多元要素聚合变化，媒体行业跨越介质、机构、平台、产业、区域打造传媒行业的新业态，积极谋求多元化盈利模式，实现资源整合，延伸产业链条，构建新的系统生态。数字变革、内容营销、洞察互动成为传媒营销行业发展的实践热点。

（一）数字变革引领未来

2021年3月发布的《中华人民共和国国民经济和社会发展第十四个五年规划和2035年远景目标纲要》（以下简称国家"十四五"规划纲要）中明确提出：加快数字化发展，

建设数字中国。中国不仅要打造数字经济新优势，加快数字社会建设步伐，更要提高数字政府建设水平，营造良好数字生态。迎接数字时代，激活数据要素潜能，推进网络强国建设，加快建设数字经济、数字社会、数字政府，以数字化转型整体驱动生产方式、生活方式和治理方式变革。特别在构筑美好数字生活新图景方面，媒体的数字变革不仅可以推动购物消费、居家生活、旅游休闲、交通出行等各类场景数字化，打造智慧共享、和睦共治的新型数字生活；推进智慧社区建设，依托社区数字化平台和线下社区服务机构，建设便民惠民智慧服务圈，提供线上线下融合的社区生活服务、社区治理及公共服务、智能小区等服务；还能丰富数字生活体验，发展数字家庭；加强全民数字技能教育和培训，普及提升公民数字素养；加快信息无障碍建设，帮助老年人、残疾人等共享数字生活。

国家"十四五"规划纲要的政策指导，使数字变革成为媒体营销的实践热点。不论是媒体数字化还是营销数字化，都成为媒体行业绕不开的发展路径。以云计算、物联网、人工智能、5G、数字孪生等为代表的数字技术群落正在构建新商业基础设施，一批云原生技术持续涌现，媒体行业需要在该过程中，借助数字变革占据有利的市场地位。对于媒体而言，数字化变革所要解决的核心问题是如何满足海量的、碎片化的、实时的、多场景的用户需求。比如，中央广播电视总台在 2021 年 7 月推出象舞平台助力全媒体营销发展，满足用户的多元需求，切实实践数字化变革。数字化变革的本质是在数据加算法定义的世界中，以数据的自动流动化解复杂系统的不确定性，优化媒体资源配置效率，构建媒体新型的竞争优势。

随着"数字化""数字中国"被列为国家"十四五"规划纲要的核心内容，数字经济席卷了各行各业。数字化变革在重塑商业环境的同时，也赋予了市场更多的想象空间，媒体企业纷纷实践数字化变革。在渠道营销方面，企业和品牌线上线下全渠道布局，不仅入驻电商平台，还不断尝试自建 App 和小程序，并积极构建私域流量。在媒体营销方面，企业基于多触点，利用线上广告、内容营销、KOL 营销等方式持续输出品牌。借助数字化变革，品牌凭借多渠道布局和全媒体营销，以差异化迭代产品，快速建立消费者的品牌认知，实现品牌认同。图文信息流、短视频信息流以及流量平台的 KOL 带货，是这一时期全媒体营销的典型媒体形式。

（二）内容营销是中流砥柱

内容营销，即企业通过发布多种形式的媒体内容（如电子杂志、微博、视频等）来传递产品或品牌信息，并激发消费者的购买行为。内容营销的关键是"讲故事"，众多品牌在上百年前就已经开始通过"讲故事"吸引用户和维护用户关系。在过去，企业大多数只能通过第三方媒体（如纸质媒体、电视、广播媒体等）进行信息发布，但是随着自媒体的迅猛发展，企业自主发布内容的难度不断降低，企业能够越过第三方（如付费媒体），直接与用户进行沟通。越来越多的企业和品牌成为内容的生产者和发布者，通过微信公众号、微博号、视频号、抖音号等官方账号，生产、发布相关信息，来作为体现品牌特性的强有力内容。

移动互联网时代，社会化媒体的内容营销不仅在于扩大传播范围，更重要的是增加传播的深度。在社会化媒体语境下，内容营销代表着一种新的媒体营销战略，它更多的是通过感性路径或是文化路径塑造品牌，其信息具有价值或娱乐性。消费者在接收内容信息的过程中，产生情感体验或是价值观共鸣，进而产生各种互动参与行为。企业或品牌也通过与消费者的互动对话，进一步优化产品。

内容营销的实践焦点在于通过哪些因素（如信息源、信息内容及形式、渠道、接收者）能够促进用户的认知、积极的情感反应和互动参与；如何通过视频故事和情节片段存储和激活消费者的认同感和购买意愿；如何通过媒体信息培养消费者的品牌意识、提高用户对品牌的忠诚度等。在移动互联网时代，社交化媒体的内容营销已经成为了传媒营销行业的中流砥柱。

在社交化媒体上，用户生产内容（UGC）、专业生产内容（professional generated content，PGC）和专业用户生产内容（professional user generated content，PUGC）是内容营销最常使用的三种形式。特别是媒体信息 UGC 的二次加工，已成为内容营销的主流趋势之一。UGC 不仅让用户成为媒体信息传播的中心，以用户原生的话语方式传递品牌价值，更在移动互联的社交媒体网络中形成了个人—群体—个人的社会性传播通路。

（三）洞察互动，承前启后

数字变革引领未来的背后是大数据的支持，大数据的核心是挖掘庞大数据库独有的价值。实际上，远在信息数字化之前，人类就已经开始使用数据。不同的是，以前人类使用数据是通过人工一笔一画完成文字记录或者图表绘制，计量和记录一起促进了数据的诞生，它们是数据化的根基。而移动互联网时代的大数据主要是通过计算机进行数据存储和处理。计算机的出现带来了数字测量和设备存储，大大提高了数据化的效率，也使通过数学分析挖掘出数据更大的价值变成可能。

现在，数据的量呈现几何爆发式的增长。当文字变成数据，人们可以用它阅读，机器也可以用它进行分析。当方位变成数据，现实挖掘就成为可能，通过大量来自手机的数据发现和预测人类行为。当沟通成为数据，社交图谱就出现，通过记录以及分享零散的信息实现情绪数据化。数据化不仅能让态度和情绪转变为一种可分析的形式，也可以转化为人类的行为。

量化一切是数据化的核心。在大多数情况下，我们会采集信息并将之存储为数据形式再加以利用，几乎所有领域的事情都可以这样处理。如今，人类拥有了数据分析的工具（如统计学和算法）以及必要的设备（如信息处理器和存储器），可以在更多领域更快、更大规模地进行数据处理。在移动互联网时代，世界从本质上而言就是由数据构成的信息海洋。大数据为我们提供了一个前所未有的审视世界的视角，它可以渗透到所有生活领域和思维领域。大数据的关键价值在于无限的再利用。收集信息固然重要，但这还远远不够，因为大部分数据的价值在于它的使用，而不是数据本身。基于算法模型的大数据洞察和需求互动，成为全媒体营销精准化、有效化的有力工具。

二、全媒体营销研究热点

全媒体营销的研究热点主要有两个方面。一方面的研究主要从市场营销的角度进行深度挖掘，比如全媒体营销对企业或品牌资产的影响，全媒体营销的策略要点，全媒体营销方式对消费心理与行为的影响；从消费者的角度而言，哪些媒体营销方式更能引起消费者的共鸣，更能使其主动分享媒体信息；全媒体营销如何实现线上线下的整合营销传播。而另一方面的研究则是从媒体传播的角度阐释媒体与人、媒体与社会的关联等，比如关于媒体选择的最初两种理论——社会临场感理论和媒介丰富性理论，都在讨论媒体性能和相关任务要求的匹配性，关注的问题包括全媒体营销中哪些用户的社会网络会影响营销业绩，品牌社群的社会网络如何影响品牌社会传播等。

（一）量化研究

随着大数据的不断发展，量化研究得到了前所未有的发展。基于算法挖掘和统计分析的数据库，不仅为量化研究提供了所需的样本，也为其长远发展提供了技术的支持。因而在全媒体营销领域，量化研究发展迅猛。

时下量化研究的热点，主要是运用 SPSS、CiteSpace、VOSviewer 等工具对相关数据库进行统计与分析，进而得出该领域相关性或趋势性的研究判断。得益于数据库相关文献数据的支持以及 CiteSpace 等文献计量学软件的普及，全媒体营销领域综述型的量化研究呈现欣欣向荣的发展态势。该类量化研究通过大数据搜索计量分析，把握相关研究领域的营销热点、演化规律及未来研究方向，受到了学界的大力追捧，相关研究遍地开花。

（二）跨界研究

现阶段，国内外学者多是以大数据和人工智能作为媒体营销传播前沿的研究重点。从传统营销传播到基于移动互联网的全媒体营销传播，营销传播模式在大数据、云计算、区块链等技术的推动下不断推陈出新。从消费者数据的全场景化、细致化采集到内容信息的定制化生产和精准化投放，全媒体营销传播将构建消费者与品牌方的新型关系，实现消费者与品牌方的协同共建、共赢。

正如微软亚洲研究院院长周礼栋所说："现在所有的计算机领域从某种意义上来说都和人工智能相关。"而人工智能研究的重中之重是跨界创新，跨行业、跨学科是大趋势。同样，全媒体营销传播也不能只做单纯的文献研究，更重要的是借助其他学科、其他行业的研究方法或相关理论，诠释演绎营销传播领域的相关信息，建构适合全媒体营销的相关理论和框架体系，比如相关研究者开展的"触点研究"。5G技术与物联网技术的结合，重构了人与物、物与物、物与信息、信息与信息的连接方式，实现了"万物皆媒"，而传感器则是物联网的连接基础。早在2013年，学界就已经对传感器在媒体营销领域的应用展开相关研究。借助5G技术和物联网技术，消费者身边所有的智能化产品或服务都将成为一个触点，不仅消费者可以通过触点接收媒体信息，广告主与品牌方也可以通过触点实时了解消费者的喜好，接收消费者的反馈。这些触点涵盖消费者生活的方方面面，可以真正实现对消费者信息数据收集的全场景化和跨场景化。相关研究者运用心理学、艺术学相结合的方式，进行媒体信息的实证研究。从消费者使用视频网站的心理需求与规律和交互性的六个维度出发，探索媒体信息交互性的强弱与用户媒体态度之间的关联度。2019年，家庭互联网成为重要的营销阵地，"万物互联"成为全媒体营销研究的关键词。2021年"元宇宙"和"虚拟数字人"、2023年"ChatGPT"和"智能传播"相继成为媒体营销的关键词，彰显营销传播领域跨界研究的新态势。

延伸阅读 8-1

《2023年中国数字营销趋势报告》解读

2022年12月，秒针营销科学院联合GDMS、媒介360共同发布《2023年中国数字营销趋势报告》。本次报告对20多个行业的160位成熟及新锐企业主进行调研，对2022年的营销市场做梳理，并对2023年的营销趋势做预测。

1. 营销预算倾向"效果"目标，"品牌"目标明显下降。"效果"营销是指以销售为主要目标，能够测算出销售增长贡献的多类营销投资形式，包括电商广告、直播带货、社交媒体"种草"带货等。营销的"品牌"目标主要有强化品牌形象和提升品牌知名度等。

2. 营销投入依旧以移动互联网投放为主要趋势。70%的企业主会选择增投移动互联网端广告。互联网端增投资源的类型更多集中在社交、短视频和直播，尤其对社交的期望很高。不同企业主对媒体资源类型也有着不同的偏好，新锐品牌企业主和高预算企业主更加侧重加大投放社交资源。

3.大多数企业主对营销数字化转型已形成共识，但不同领域的数字化程度差异较大。电商运营、用户运营、广告投放是营销领域中数字化应用程度最高的；产品创新、内容管理、线下渠道运营的数字化程度相对较低。此外，企业主对创新营销形式应用有着较高的预期。

（资料来源：腾讯网，《2023年中国数字营销趋势报告：77%广告主将增加移动互联网营销投入社交、短视频、直播是重点》，https://new.qq.com/rain/a/20221223A055TL00，2022年12月23日）

本章小结

经过几十年的快速发展，媒体素养不断丰富其内涵，延伸其范围。"万物皆媒"的环境下，媒体素养被赋予了更多的意义和价值。而新闻传播等专业的学生的媒体素养，不仅要紧跟传媒产业的变化发展，更需要使用大数据等前沿技术，通过信息可视化，将数字、文本信息融合设计成可视化图表，以直观的视觉方式再现数据趋势、体现数据关系、表现数据重点、描述行业现状、整合信息内容、传达受众意见。此外，新闻传播等专业的学生还须坚守马克思主义新闻观，践行社会主义核心价值观。

我国已进入媒体融合的深化改革阶段，呈现媒体协同转化的多元格局。数字变革、内容营销、洞察互动成为传媒营销行业发展的实践热点。量化研究、跨界研究发展迅速。除了社会化媒体营销和社交网络营销方面的研究外，媒体融合的多重维度研究、算法营销的实践与批判研究、人工智能与媒体营销变革、区块链营销的探索性研究、5G时代的媒体生态研究等议题，都是时下全媒体营销前沿研究的热点。

关键术语汇总

全媒体：从广义上看，全媒体是指对媒介形态、媒介生产和传播的整合性应用。从狭义上看，全媒体是指立足于现代技术的发展和媒介融合的传播观念，综合传统媒体与新媒体，在媒介内容生产、媒介形态、传播渠道和传播方式、媒介运营、媒介营销观念等方面的整合性运用。

全媒体营销：在媒介融合环境下，运用全媒体整合传播，通过不同平台（资讯＋视频＋电商＋社交＋推广等）的全场景协同作用，实现对不同时间与空间受众的全覆盖，最大限度地触达品牌的目标受众，并且对其产生更为全面的影响。

全媒体"三学说"：一是"营运理念（模式）说"。该观点认为全媒体是指一种业务运作的整体模式与策略，即运用所有媒体手段和平台建构大的报道体系。二是"传播形态说"。该观点认为全媒体是指综合运用各种表现形式，如文、图、声、广、电，来全方位、立体地展示传播内容，同时通过文字、声像、网络、通信等传播手段来传输的一种新的传播形态。三是"媒介营销说"。该观点认为，全媒体作为一种全新的媒介营销管理观念，是建立在媒介融合基础上的媒介营销策略，包括整合性的媒介内容生产平台的创建，以及相同媒介内容的不同呈现方式的组合性使用。

数字人文：一个新兴交叉的研究领域，其研究主要集中在三个方面：一是利用数字信息技术解决一些人文学科已经存在但是传统人文学科无法解决的问题；二是发现并研究数字信息技术带来的新的人文问题；三是探索新型软件工具和平台在人文知识的生产、传播与教学中的应用及其影响。

媒介融合：包括网络融合、终端融合、服务融合、市场融合和制度融合。

4P 营销：1960 年，美国营销学大师杰罗姆·麦卡锡在其著作《基础营销》中第一次提出 4P 营销理论。麦卡锡把营销要素概括为 4 类：产品（product）、价格（price）、渠道（place）和促销（promotion），4P 即四个单词首字母的缩写。

4C 营销：1990 年，美国学者罗伯特·劳特朋教授在其《4P 退休 4C 登场》专文中提出了与传统营销的 4P 理论相对应的 4C 营销理论。4C 即顾客（customer）、成本（cost）、便利（convenience）与沟通（communication）。

4R 营销：4R 营销理论是由美国学者唐·舒尔茨在 4C 营销理论的基础上提出的新营销

理论。4R 分别指关联（relevancy）、关系（relationship）、反应（reaction）和报酬（rewards）。该营销理论认为，随着市场的发展，企业需要从更高层次上以更有效的方式在企业与客户之间建立起有别于传统的新型主动关系。

4V 营销：我国学者提出，4V 是指差异化（variation）、功能化（versatility）、附加价值（value）和共鸣（vibration）的营销组合理论。

整合营销：以消费者为核心，统一运用和协调各种不同的传播手段，以统一的目标和统一的传播形象，传递同一个声音，最大程度上实现与消费者的双向沟通，协助品牌建立起与消费者之间的长期关系，实现传播效果的最大化。

AISAS 模型：引起消费者注意（attention）→对商品产生兴趣（interest）→消费者主动搜索（search）→完成购买行动（action）→主动分享体验（share）。

数字营销：以互联网技术和数字化技术为基础，通过数字生活空间将文字、声音、图像、视频等数字化信息传递给目标消费者，并与消费者互动、建立良好关系的过程。

移动营销：面向移动终端用户，在移动终端上直接定位目标受众并精确地传递个性化即时信息，通过与消费者的信息互动达到市场营销目的的行为。

互动营销：通过策划内容话题等搭建营销者与消费者之间的交流平台，引导消费者参与从而实现有效沟通，让企业最终实现产品销售的一种营销手段。

娱乐营销：借助媒体手段和娱乐活动，让消费者对产品产生感性认识，直至与产品建立情感联系，进而使消费者愉快地接受产品。其本质是用感性营销的手段取代理性说服的手段，以现代技术手段取代传统营销手段，达到推销产品的目的。

BAT：BAT 一词源自中国互联网公司三巨头的拼音首字母，即百度、阿里巴巴和腾讯。

三微一抖：三微一抖指微博、微信、微头条和抖音。

大数据：大数据是一种搜集规模巨大的数据集成及搜索工具，可以在规定的时间内进行信息的获取、管理、处理和整理等工作，对数据进行追踪和观察，并预测分析出某些数据信息的真实意义。

元宇宙：元宇宙是整合网络通信、扩展现实、数字孪生、区块链、人工智能等多种新技术而产生的新型虚实相融的互联网应用和社会形态，拥有完整的经济逻辑、数据、物体、内容以及 IP，是一个永续在线、不断被刷新的实时数字世界，并且允许每个用户进行内容生产和世界编辑。

病毒营销：通过类似计算机病毒传播的方式，将营销信息发送到已有的在线社交网络上进行传播，从而提高产品知名度，吸引潜在用户，以达到最终的营销目的。

粉丝营销：以情绪资本为核心，以粉丝社区为营销手段，以消费者为主角，由消费者主导营销手段，从消费者的情感出发，企业借力使力，达到为品牌与偶像增值情绪资本的目的。

事件营销：营销主体利用近期影响较大的社会事件，结合产品或者服务的特质，制定与热点相关的营销内容以提高曝光度，以期提高产品知名度、美誉度，最终达到提高销量、获得盈利的目的。

借势营销：以借助当下热点人物或热点事件的方式来产生传播效应，从而达到商业广告宣传、提升品牌形象、拉动产品销售业绩的目的。

口碑营销：购买并使用过产品或服务的消费者，将对品牌的好感度传递给其他消费者，并以此来对其他消费者的购买决定进行干预的行为模式。

跨界营销：依据不同产业、不同产品、不同偏好的消费者之间所拥有的共性和联系，把一些原本没有联系的要素融合、延伸，彰显出一种与众不同的生活态度、审美情趣或价值观念，以赢取目标消费者的好感，从而实现跨界联合企业的市场最大化和利润最大化的营销策略。

饥饿营销：商品生产者和提供者为了扩大品牌影响力、获得或维护较高的销售额和利润、调控供求关系而故意把产量压低、营造供不应求的"假象"的一种市场营销策略。

闭环营销：在数字化全媒体营销时代，闭环营销指的是以用户为中心，通过提升用户对产品或品牌的黏性以及忠诚度，所布局和建设的可自循环、自增长、价值再造，整个过程不存在平台间跳转所带来的用户流失率的闭环组合营销策略或营销生态体系。

媒体营销联盟：营销生态的一种呈现形式，指的是企业或品牌依据媒介传播效果决定投入成本的营销服务模式。

竞合思维：既竞争又合作的思维，是合作与竞争相结合的经营战略。

差异化思维：在营销领域，这是一种致力于在品牌形象、产品研发、服务等方面独辟蹊径，寻求或挖掘与竞品明显不同的自身特质，从而打造出自身的竞争优势的战略布局思维模式。

向善营销思维：企业、品牌基于可持续考量，放下对于利益的片面追求，将"善"融入商业模式中，重视环境、社会、公司治理的整合发展，致力于企业品牌商业价值和社会价值"两条腿走路"的绿色健康发展的思维模式。

公共关系：传递关于独立人、企业、政府机构等各类组织的资讯，以改善社会大众对其认知的一种措施或策略。主要职能是新闻传播，新闻发布会筹划与实施，社区活动、品宣活动等相关活动的规划与落地执行，组织内刊制作、策展、调查公共舆论，等等。

营销公关：把公关功能整合入市场营销的一种模式。这是对公共关系促进营销的作用的认可。营销公关有望促进企业构建良好的品牌形象，进而影响和促进商品销售。

关系营销：企业或品牌通过活动或措施，协调、维系、优化或改善企业与社会组织或个人（如消费者、上下游合作伙伴、竞争对手、政府机构、媒体等）的关系的行为。

新闻智能融合传播：在全媒体营销过程中，新闻传播不是媒体平台的简单连接，而是全方位融合、立体传播，新媒体与传统媒体互融、互补。

媒体素养：人们面对媒体各种信息时的选择能力、理解能力、质疑能力、评估能力、创造和生产能力以及思辨的反映能力。

数字中国：迎接数字时代，激活数据要素潜能，推进网络强国建设，加快建设数字经济、数字社会、数字政府，以数字化转型整体驱动生产方式、生活方式和治理方式变革。特别在构筑美好数字生活新图景方面，媒体的数字变革不仅可以推动购物消费、居家生活、旅游休闲、交通出行等各类场景数字化，打造智慧共享、和睦共治的新型数字生活；推进智慧社区建设，依托社区数字化平台和线下社区服务机构，建设便民惠民智慧服务圈，提供线上线下融合的社区生活服务、社区治理及公共服务、智能小区等服务；还能丰富数字生活体验，发展数字家庭；加强全民数字技能教育和培训，普及提升公民数字素养；加快信息无障碍建设，帮助老年人、残疾人等共享数字生活。

量化研究：主要是运用 SPSS、CiteSpace、VOSviewer 等工具对相关数据库进行统计与分析，进而得出该领域相关性或趋势性的研究判断。

参 考 文 献

[1] 杨红心.彩电科技新趋势——从多媒体到全媒体,从模拟数字到全数字[J].广播与电视技术,1998(08):65,68.

[2] 罗鑫.什么是"全媒体"[J].中国记者,2010(03):82-83.

[3] 杨冬.全美广播电视展:数码的盛会[J].国外科技动态,2002(07):31-34.

[4] 温知新.非线性编辑:从流媒体走向"全媒体"[J].中关村,2005(06):27-28.

[5] 刘凯宇,吴锋.全媒体时代记者采访管理系统软件的研发与应用探讨[J].中国报业,2013(04):13-16.

[6] 刘万福.数字报刊,迎来全媒体时代(上篇)[J].中国传媒科技,2007(01):62-63.

[7] 何建平.延伸产业链,构建多元盈利模式——温州日报报业集团"全媒体"运营的实践与探索[J].传媒,2008(07):34-36.

[8] 北京日报报业集团"多媒体数据库"项目通过验收[J].中国报业,2008(12):69.

[9] 辛雯.宁报集团数字报业技术平台项目通过验收[J].新闻实践,2009(07):7.

[10] 郑强.从传统报业到全媒体的探索之路[J].传媒,2008(10):37-39.

[11] 姚贞.研发全媒体报业解决方案[N].中国新闻出版报,2007-04-27(003).

[12] 梁振鸣.广州日报报业集团 全媒体平台布局的道与术[J].广告人,2010(04):148-150.

[13] 林晔,任丽君,沙骏,等.共享资源 协同再造 解放日报报业集团全媒体多通道数字出版系统介绍[J].中国传媒科技,2009(06):42-44.

[14] 郑保卫,祁涛.新时期中国报业改革与发展30年[C]//中国人民大学新闻与社会发展研究中心,中国人民大学新闻学院,《新闻学论集》编辑部.新闻学论集(第21辑)——纪念改革开放30周年特辑.北京:经济日报出版社,2008:12-30.

[15] 陈少波."全媒体"视野下的媒体融合及其运营和盈利模式[J].浙江传媒学院学报,2010,17(05):28-33.

[16] 殷乐,杨宁.全景、全息、全效:主流媒体新闻实践中的全媒体传播建构——以2021年中央广播电视总台全国两会报道为例[J].电视研究,2021(03):9-12.

［17］彭兰.万物皆媒——新一轮技术驱动的泛媒化趋势［J］.编辑之友，2016（03）：5-10.

［18］姚君喜，刘春娟."全媒体"概念辨析［J］.当代传播，2010（06）：13-16.

［19］杨琳.新闻出版提升"两个效益"［J］.瞭望，2007（07）：28-29.

［20］陈力丹.习近平论"建设全媒体"［J］.新闻爱好者，2019（04）：4-6.

［21］郜书锴.全媒体：概念解析与理论重构［J］.浙江传媒学院学报，2012，19（04）：37-42.

［22］嵇美云，查冠琳，支庭荣.全媒体社会即将来临——基于对"全媒体"概念的梳理和剖析［J］.新闻记者，2013（08）：37-41.

［23］何镇飚.全媒体的陷阱与机遇［J］.中国广播电视学刊，2012（11）：20-22.

［24］张小强，周晓淇.国外报业数字化先驱媒介融合的进展与挑战——以《纽约时报》和《卫报》为例［J］.科技与出版，2015（08）：109-115.

［25］贝里，费格约德著.王晓光等译.数字人文——数字时代的知识与批判［M］.大连：东北财经大学出版社，2019.

［26］石磊，李慧敏.国外媒介融合研究知识图谱——基于文献计量学方法的分析［J］.西南民族大学学报（人文社会科学版），2019，40（11）：163-173.

［27］郭毅，于翠玲.国外"媒介融合"概念及相关问题综述［J］.现代出版，2013（01）：16-21.

［28］华红兵.移动营销管理（第2版）［M］.广州：广东经济出版社，2018.

［29］阿姆斯特朗著.赵占波，孙鲁平，赵江波等译.市场营销学（第13版）［M］.北京：机械工业出版社，2019.

［30］吴金明.新经济时代的"4V"营销组合［J］.中国工业经济，2001（06）：70-75.

［31］周汉章.整合营销传播理论研究综述［J］.现代营销（学苑版），2021（09）：47-49.

［32］毕晓普著.刘大鹏等译.数字时代的战略营销［M］.北京：机械工业出版社，2000.

［33］施密特著.刘银娜，高靖，梁丽娟译.体验营销［M］.北京：清华大学出版社，2004.

［34］王堃.新媒体的整合营销传播价值分析［J］.现代营销（下旬刊），2021（04）：54-55.

［35］潘程晨.整合营销传播下非遗特色小镇的媒介形象传播［J］.中国艺术，2021（01）：56-62.

［36］科特勒，凯勒著.何佳讯，于洪彦，牛永革，徐岚，董伊人，金钰译.营销管理（第15版）［M］.上海：格致出版社，2016.

［37］秋叶，刘勇.新媒体营销概论［M］.北京：人民邮电出版社，2017.

［38］黄升民，刘珊.大国化和数字化双重压力催生"大营销"趋势［J］.现代传播（中国传媒大学学报），2012，34（03）：1-5.

［39］姚清江.广告数字化：机遇与挑战［J］.中国广告，2020（Z1）：139-140.

［40］刘慈欣.不能共存的节日［J］.百科探秘，2021（5）：47-49.

［41］匡文波.手机媒体：新媒体中的新革命［M］.北京：华夏出版社，2010.

［42］王爱莲，冯睿.大数据背景下网络互动营销研究综述［J］.北方经贸，2021（09）：63-66.

［43］胡天宇，张权福，沈永捷，等.增强现实技术综述［J］.电脑知识与技术，2017，13（34）：194-196.

［44］朱海松.手机媒体化的商业革命［M］.广州：广东经济出版社，2011.

［45］陈轩.很毒很毒的病毒营销［M］.北京：北京联合出版公司，2016.

［46］杨晓丽.基于传联视角的新媒体运营创新思维［J］.青年记者，2020（35）：97-98.

［47］武冬莲.浅析娱乐营销［J］.太原大学学报，2007（01）：67-70.

［48］冯英健.网络营销基础与实践［M］.北京：清华大学出版社，2002.

［49］张嫱.粉丝力量大［M］.北京：中国人民大学出版社，2010.

［50］戴莉娟.让娱乐更营销，让营销更娱乐［J］.现代广告，2021（03）：25-26.

［51］喻发胜，黄海燕."联接力"：新旧媒体盛衰转折的关键——兼论传统媒体转型的根本路径［J］.出版发行研究，2016（11）：11-16.

［52］詹金斯著.郑熙青译.文本盗猎者：电视粉丝与参与式文化［M］.北京：北京大学出版社，2016.

［53］罗威尔著.冯丽宇译.曲线思维 互联网时代商业的未来［M］.上海：东方出版中心，2016.

［54］蔡晓骝，靳元丽.VR虚拟现实技术在古镇文化景观保护与传承研究中的运用实例［J］.中国建筑金属结构，2022（06）：105-107.

［55］王姝.大数据背景下电子商务企业管理模式优化研究［J］.中国商论，2022（12）：58-60.

［56］樊志育.广告学原理［M］.上海：上海人民出版社，1993.

［57］张灿.基于微博平台的借势营销研究［M］.桂林：广西师范大学出版社，2016.

［58］付红安.大数据在社会化媒体营销中的应用研究［D］.重庆：重庆大学，2014.

［59］陈婉贞.新媒体时代下借势广告创意研究［D］.青岛：青岛大学，2020.

［60］曲直.热点事件类社交广告语研究［M］.沈阳：沈阳师范大学出版社，2018.

［61］陈露薇.新媒体在会展营销中的运用策略研究［J］.中国商论，2020（10）：48-49，57.

［62］甘勇，李德荣.基于案例研究的企业跨界营销策略探索［J］.中国商贸，2010（25）：57-58.

［63］刘雯.基于消费者自我概念与生活形态理论的跨界营销分析［J］.中国经贸导刊，2009（16）：56.

［64］梁金华.浅议口碑营销［J］.商场现代化，2013（21）：34-36.

［65］蓝色创意跨界创新实验室，中国蓝色创意集团.跨界［M］.广州：广东经济出版社，2008.

［66］黄嘉涛.移动互联网环境下跨界营销对共创体验的影响［J］.预测，2017，36（02）：37-43.

［67］陆朦朦，方爱华.移动阅读品牌跨界营销探析：概念、元素与模式［J］.出版广角，2018（19）：32-35.

［68］鄢章华，刘蕾，白世贞.基于收益共享契约的"饥饿营销"模式供应链协调研究［J］.管理评论，2017（29）：78-81.

［69］袁茵茵.微信生态闭环的内容及影响研究［J］.财富生活，2019（03）：125-126.

［70］黄晓瑞.奢侈品的饥饿营销——基于商品购买感知可达性的限量销售、限时销售对比分析［D］.北京：北京外国语大学，2018.

［71］何小洲，苏永胜.考虑价格和质量的供应链两周期饥饿营销策略［J］.物流技术，2014，33（15）：342-345.

［72］马丁著.胡雍丰译.整合思维［M］.北京：商务印书馆，2008.

［73］杜贝.向善营销是企业的当务之急［J］.家族企业，2021（09）：51-53.

［74］微博的闭环商业生态［J］.成功营销，2014（05）：30-31.

［75］杜平.腾讯闭环生态圈［J］.金融博览（财富），2014（12）：45-46.

［76］肖明超.人文品牌驱动的营销向善时代［J］.汽车商，2021（09）：60-61.

［77］王宁.新闻图片大众传播中的价值导向分析［J］.新闻爱好者，2016（06）：78-81.

［78］张欣茹.平台生态闭环化进行时，品牌厉兵秣马［J］.国际品牌观察，2021（05）：44-45.

［79］本刊编辑部.数字营销3.0时代 构筑营销闭环——专访京东集团副总裁、数字营销业务部负责人颜伟鹏［J］.声屏世界•广告人，2016（06）：161-162.

［80］张宁.危机传播［M］.北京：高等教育出版社，2015.

［81］任正臣.公共关系学［M］.北京：北京大学出版社，2018.

［82］朱影影.小红书跨境电商平台闭环经营的成功经验与启示［J］.对外经贸实务，2018（08）：93-96.

［83］郑世敏.论新闻媒体语言"噱头"的底线思维［J］.新闻传播，2021（18）：119-120.

［84］波特著.陈丽芳译.竞争优势［M］.北京：中信出版社，2014.

［85］迈尔-舍恩伯格，库克耶著.盛杨燕，周涛译.大数据时代：生活、工作与思维的大

变革［M］.杭州：浙江人民出版社，2013.

［86］ 马越.浅论公共关系与市场营销的关系——"君子和而不同"［J］.中国商论，2017（14）：171-172.

［87］ 叶青.营销活动中的公共关系分析［J］.赤峰学院学报（自然科学版），2015，31（21）：135-136.

［88］ 田书.试论公共关系与新闻传播的关系［J］.新闻传播，2017（24）：95-96.

［89］ 孔玲.浅谈事件营销中的广告、新闻、公关关系［J］.新西部（理论版），2015（15）：94，107.

［90］ 袁军.媒介素养教育的世界视野与中国模式［J］.国际新闻界，2010，32（05）：23-29.

［91］ 周灵.传媒类本科生融合式媒介素养教育研究［D］.南京：南京师范大学，2016.

［92］ 程明，程阳.智能技术时代营销传播的变革与智能营销传播的未来发展［J］.现代广告，2020（09）：29-33.

［93］ 黄婕，林升栋.视频网站贴片广告交互设计对用户广告态度的影响［J］.现代广告，2020（09）：5-15.

［94］ 苏涛，彭兰.热点与趋势：技术逻辑导向下的媒介生态变革——2019年新媒体研究述评［J］.国际新闻界，2020，42（01）：43-63.